中学校美術サポートBOOKS

JN040042

中学校美術の「学び合い」題材&授業プラン

更科結希 著

明治図書

はじめに

「先生，こんなこと考えているんですが，どう思います？」と自分の考えを話し始める生徒。

その時間は，何より尊く「どうしてそんなことを考えられるんだろう」「そうか，そういうこともあるか」と私は心の中でさけびながら，子どもたちと対話をします。

授業は，驚きの連続です。子どもとのやりとりは私の「学び合い」の時間でもあります。

自分の考えに自信がもてたとき，やりたいことが見えてきたとき，「早く次に向かいたい」「やってみたい」と考えるのは，大人も子どもも一緒です。そのためには，他者の存在は不可欠です。そして，1人では成し遂げられないことも，周囲の力によって実現できることがあります。そうした関わりが，美術の授業で子どもたち同士の「学び合い」によって実現できたら，どんなに素敵なことでしょう。

この本にまとめた授業は，私がこの10年ほどの中で取り組んできた内容です。毎年，目の前にいる子どもたちに，美術を通して身につけさせたい力を「どのような授業」で，「どのような展開」で教えていくべきかを考え，改めて整理してきました。そして，その中に，子どもたち同士を結びつける場面「学び合い」を位置づけ，互いを高め合える授業を目指してきました。

この本を手に取ってくださったみなさまは，美術の授業で「何を学び合うべきか」を考えていらっしゃると思います。授業の一場面で，子どもたち同士が考えを述べ合い，「相手のために」「自分自身のために」考えを深めていくことはとても大切です。そうした学びの中で，子どもたちは，新たな発想に出会い，創造することの意味に触れていくのだと感じています。

ここに紹介する授業は，私1人で生み出したものではありません。これまで勤務してきた学校で関わった先生方や子どもたち，地域のみなさま，研究会等で出会った先生，大学の先生をはじめ，たくさんの方に示唆をいただいた中で見つけた「こと」や「もの」を授業の形にしています。授業の構築もまた，「学び合い」から生まれています。

この本が「私」と「みなさま」を結びつけ，互いに「学び合う」ための媒体として存在していければうれしいです。

更科　結希

もくじ

はじめに

序章　美術の授業での「学び合い」

1章　絵や彫刻などでの「学び合い」　題材＆授業プラン

2章 デザインや工芸などでの「学び合い」 題材＆授業プラン

3章 鑑賞での「学び合い」 題材＆授業プラン

序章

美術の授業での「学び合い」

1 美術科における「学び合い」とは

1 「学び合い」は新しい見方や考え方を生み出すチャンス

　美術の授業は，生徒が表現や鑑賞を通して創造活動の喜びを感じ，自らの内面に価値を生み出すことが重要であると考えています。授業の最初から最後まで，生徒が１人で地道に進める学習活動と，他者の見方や考え方に触れながら自己の世界を広げていく学習活動では，獲得できる資質・能力に違いが生まれるのではないでしょうか。教師は，生徒が仲間と考えを伝え合いながら自己の価値観を広げていけるような授業を目指して工夫していきたいものです。そのためには，生徒が主体的かつ協働的に学ぶことのできる授業を組み立てていくことが大切です。本書ではそれを「学び合い」と位置づけてご紹介していきます。「学び合い」は，「主体的・対話的で深い学び」を実現する重要な学習過程です。その実現は，教師の働きかけや仕掛けなくしては語れません。ここでは，美術の学習で扱う幅広い分野によって異なる教師の働きかけについてもあわせてご紹介していきたいと思います。

　「学び合い」は，生徒に様々な考えとの出会いから新たな見方や考え方を身につけさせ，新しい価値を生み出すチャンスを与えることができます。教師はそうした学び合いができる「関わり」と「場」を保障しながら授業を展開し，生徒の学びをより豊かなものにすることを目指していくことが大切であると考えます。

2 「学び合い」は「他者のため」以上に「自己の学び」

　「学び合い」がもたらす効果について，授業で比較的取り入れやすい例をご紹介します。みなさん，思い浮かべてみてください。ある生徒の構想に対して他の生徒が意見を伝える場面です。それは，どの先生も取り入れたことのある「他者へのアドバイス」です。

　この他者へのアドバイスは，小さい集団での「学び合い」であると考えます。この場面では，アドバイスをし合う双方にとって大きな学びが生まれます。アドバイスを受ける側は，思いもよらなかった考えに出会ったり，考えていた主題と表現しようとしている方向性が合っているのかを確認したりすることができます。他者からアドバイスされたことを，自分の構想と照らし合わせて取り入れるのか，そのままで進めていくのかを検討することにも意義があります。

こうした経験をすると，主題を追求するとき，きっと自分の考えに自信をもった姿になっているだろうと想像します。

　では，アドバイスする側にはどのような学びがあるでしょうか。他者の構想に対して何か伝えようとするならば，生徒自身の既習事項，相手の主題や構想を聞いて感じたこと，これまでの経験を総動員して自分の感性を働かせて内容を考えます。それには，他者の想いを受け止め，アイデアや表していることをしっかりと「みる」こと，他者の立場に立ち，慮って相手にとって必要になりそうなことを見出していくことが必要です。それは，大変難しいことですが，大切な学びとなります。他者と意見を述べ合いながら学習を進めていくことは，「自己の学び」を豊かにしていきます。

　発展的な取り組みとしては，学習課題の解決に向けた小集団での「学び合い」の設定です。他者の意見と折り合いをつけながら新しい価値を生み出す活動も可能になります。それは，1人では成し得ない学びを生み出します。美術の学習は，題材ごとや題材の中で様々な「学び合い」の集団を設定することにより，幅広い学習活動を保障することができます。

3　美術科の授業の在り方を変える「学び合い」

　私はこれまで，生徒が学び合いながら学習課題を解決していく授業を目指したいと考え，様々な学習形態を模索し，題材開発をしながら取り組んできました。以前の授業は，図1のような授業スタイルで「学び合い」にはほど遠かったと振り返ります。そのときの授業を思い返すと，生徒それぞれの進度に合わせて，個々の表したいことの実現に向け耳を傾け，アドバイスしていくことに終始していました。今も「生徒の発想や構想を深めていくのは教師の役割」であると考えています。しかし，授業の最初と最後にだけ本時の事項を確認して，あとは生徒の個別対応で授業を展開していくと，いつまでたっても生徒は教師の見立てから離れられず，教師ばかりを頼り，答えを求めるようになってしまいます。そうした反省から学んだことは，もっと生徒を信頼し，これまでの学びを生かして他者と関わり合いながら学習を展開できる授業の実現でした。

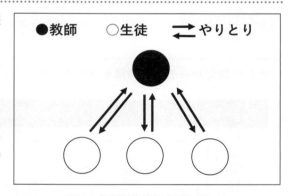

図1　教師と生徒個人のやりとり

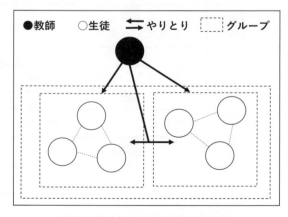

図2　学び合いを生み出すやりとり

「学び合い」で生徒同士のつながりを生み出すことによって，授業のスタイルは随分と変わりました。そして，生徒と教師間では実現しなかった新たな価値の創出を感じるようになってきました。その授業では，図2のように教師と生徒との関わりを変えました。これは，授業の中で発問や指示をした後，教師と生徒の1対1の関わりではなく，生徒同士がやりとりを行いながら授業を展開できる形態です。「学び合い」は，題材の在り方や授業の流れ，生徒の学び方を大きく変えていきます。

4　学び合える授業の構造

　美術の授業は「学び合い」を位置づけやすい教科特性があると考えています。そして，表現や鑑賞の授業において，問いや学習課題を解決するために他者と意見を共有するなど，「学び合い」が不可欠な場面も多くあります。それは，幅広い分野を取り扱う美術ならではの学習です。しかし，そこにはちょっとした工夫が必要であると考えています。

　例えば，授業の中に「学び合い」を位置づける際，題材計画に「個人」「学級集団」「グループ」といった異なる形態での学び合いが必要かどうかを検討することも大切です。授業では，「個人」としての学びを充実させるために，「学級集団」や「グループ」での学び合いを学習過程に合わせて選択できるようにしておくとよいでしょう。

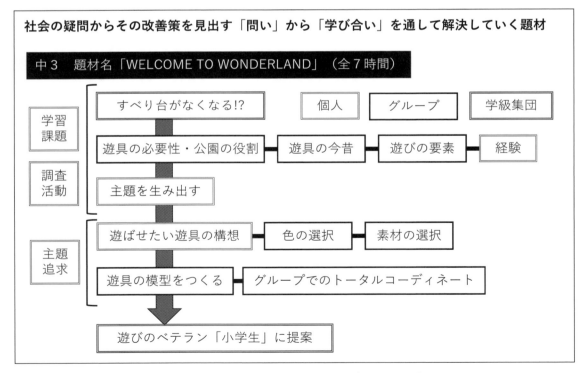

図3　形態の異なる「学び合い」を位置づけた題材の構造

図3は，本書の2章の12で紹介している中学3年生で実施した「遊具」のデザインを考えた授業「WELCOME TO WONDERLAND」の指導計画で，あらかじめ想定した異なる集団形態での「学び合い」の位置づけを示したものです。この授業は，題材の導入場面での「問い」のなげかけから，グループでの学習活動を基本として展開していきました。指導計画を立てる際，事前にどの学習段階において，どのような学習形態が最適であるのかを見出し，位置づけるようにしました。授業の中で必要となる視点を共有し，それに関わる検討をする場面では「学級集団」，視点を用いて構想を検討する場面では「グループ」，授業の中で主題を見出す場面では「個人」というように，学習内容と形態がリンクするような指導計画を立てていきました。そうした意識で取り組むことにより，授業のスタイルが変化していきました。生徒は教師の手を離れ他者と様々な視点から意見を述べ合い，新たな気づきを得ながら学習を進めることができるようになります。このように，授業を展開する前に題材の構造を明らかにしていくことは，1時間の授業の展開の仕方にも目を向けるきっかけとなります。

次に，1時間の授業の中での「学び合い」の位置づけについてご紹介します。図4は，ある授業での学習過程を示したものです。この学習では，導入部で投げかけた「問い」に対する集団での学び合いを位置づけ，展開部では意見の共有で見出した視点をグループで共有しながら課題や主題を検討しました。その後，グループで追求した結果を学級全体で確認して，個人で次時の課題を見出していく活動につなげていきました。このように，1時間の授業の中でいくつかの学び合いの形態を取り入れていくことにより，この時間は，生徒の様々な意見が行き交い，様々な視点が共有されました。

このように，「学び合い」は題材計画と，1時間の授業の中にも位置づけることによって，より効果的となり，新たな価値に出会える授業を創り出すことができます。

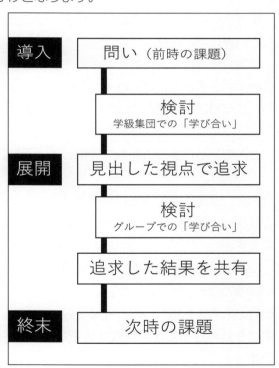

図4　1時間の授業の流れ

2 「学び合い」の指導と実践のポイント

1 学び合いの環境や教師の問いかけ

①環境づくりから始まる「学び合い」

　学び合える環境がなければ，教師がいくら働きかけても「学び合い」は始まりません。

　美術の授業では，生徒一人ひとりが自分の考えを語り合える雰囲気づくりが学び合いを生み出すための第一歩です。そうした環境の中で，自分の考えに自信がもてない生徒も，自信のある生徒も，対等な関係性をつくることで，互いが影響し合える学び合いを成立させることができます。

　学び合いによって，生徒は新たな発想に出会い，他者の考えに触れ，自分自身の学びを獲得していきます。

　表現や鑑賞は，最終的に個の考えや創造に帰結していくものです。しかし，授業の最初から最後まで個の学びだけでは新たな創造を生み出すことはできません。教師は，生徒同士をどういった環境の中で結びつけていくかコーディネートしていくことが大切です。

　ここで，私が多くの授業で実施している学び合いの「場」を紹介します。

　まず，学級集団の中で様々な意見を共有しながら，授業の中で大切な視点を見出す場です。

　これは，題材や毎時間の導入場面や終末で教師の働きかけをきっかけに，学級の生徒同士の考えを結びつけ，授業で扱いたい視点を共有するときに最適な環境（図1）です。

　教師と1人の生徒のやりとりに終始することなく，生徒同士を結びつけることに注視して取り組んでいます。

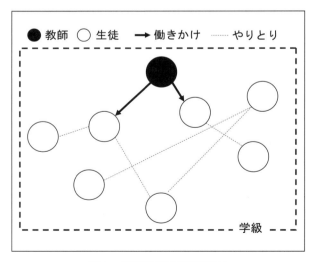

図1　学級集団での学び合い

次に，小グループで学習課題解決に向けた活動を進める場（図2）があげられます。題材の内容によっては，小グループでの学習課題の解決が最適な授業も多くあります。そのときは，学習課題によって最適な人数でのグループを構成していきます。

こうしたグループは，授業の中で互いの考えを共有する場面でも用います。学習課題に沿って考えを深めていくために，共通の視点で考え，他者の意見に触れ自分の考えを見出すために必要な環境です。（図3）

教師と生徒のやりとりをきっかけに学び合う環境づくりも大切ですが，美術の授業では，生徒が1人で表現や鑑賞に向き合う時間も大切です。では，そうした場面ではどういった学び合う環境をつくれるでしょうか。

例えば，教師が生徒の表現活動で使用する道具を予測できる場合，道具を個人の机に持っていかせるのではなく，大きなテーブルの上に数個道具を置き，そこで同時に作業させるようにします。その時間にそこに集まる生徒は，行程や扱っている素材が似ています。そのため，道具の使い方の確認やそれぞれが何をしようとしているのかについて自然と会話が始まります。教師が，そのテーブルに集まった生徒に細かな注意事項を伝えれば，次々と集まる生徒同士が教え合っていきます。（図4）

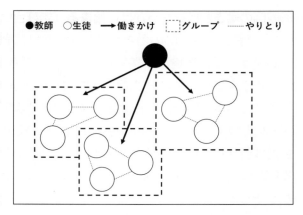

図2　グループでの学び合い

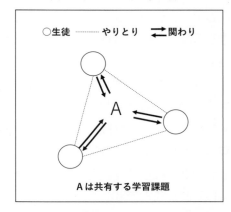

図3　学習課題の中で生まれる学び合い

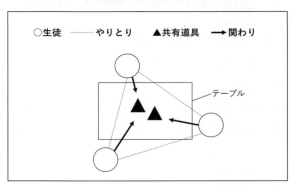

図4　道具を共有する中で生まれる学び合い

このように，美術科では様々な形態の学び合いの環境が考えられます。しかし，環境が整っていたとしても，教師の働きかけが，生徒のニーズに合致していなければ学び合いは成立しません。単に，生徒同士が意見を述べ合うだけでも成立しません。では，次に学び合いに必要となる教師の働きかけを一緒に考えていきましょう。

②教師の働きかけをきっかけに始まる「学び合い」

「学び合い」は教師の働きかけをきっかけに動き出します。学習環境だけ揃えていても「学び合い」は始まりません。働きかけには，教師からの問いの提示やその後の発問，資料の提示などがあります。授業における「問い」は本来生徒が抱くものですが，最初は生徒が「なんでだろう」と思える「問い」を投げかけることをきっかけに授業を始めてみてはいかがでしょうか。

```
教師の働きかけ
■問いの提示
■発問
■資料の提示
  ・発想を広げる
  ・批判的思考を促す
  ・比較する
  ・共通のイメージをもたせる    など
```

図5　学び合いに向かわせる働きかけ（一例）

前項でご紹介した題材「WELCOME TO WONDERLAND」では「すべり台がなくなるかもしれない」というニュースを用いた「問い」を最初に投げかけることにしました。生徒が予測できそうな「問い」は様々な意見を呼び起こし，学級集団での意見共有が盛んになります。ちなみに，この授業で生徒は，「どうして？　なんで？」となり，私は「どうしてだと思う？」と投げかけました。生徒は「きっと～だから」と意見を述べていきました。1つの事象からこうした「問い」をきっかけに，「発問」していくことによって学びは深まり「学び合い」の環境が生まれます。私の経験上，学び合いが起きているその場に教師の出番はほとんどありません。あるとすれば，学級集団での学び合いでの教師の役割は「ファシリテーター」として，生徒同士をつなぐことです。そして，生徒に求められたときに，最適なアドバイスができるように準備しておくことです。

2　発想や構想に関する資質・能力と〔共通事項〕を関連させた学び合い

発想や構想に関する資質・能力の育成において，学習指導要領では，「感じ取ったことや考えたことなどを基に，絵や彫刻などに表現する活動」と「伝える，使うなどの目的や機能を考え，デザインや工芸などに表現する活動」に分けられ内容が示されています。また，〔共通事項〕の指導と関連させ，造形の要素の働きや全体のイメージで捉えることも忘れてはなりません。生徒が創造的な構成を工夫し，心豊かに表現する構想を練るためには，授業の導入場面で題材のねらいを明確にし，生徒が「この内容で考えてみたい」と思える働きかけが重要です。

```
〔共通事項〕
(1) 「A表現」及び「B鑑賞」の指導を通して，次の事項を身に付けることができるよう
    指導する。
ア  形や色彩，材料，光などの性質や，それらが感情にもたらす効果などを理解すること。
イ  造形的な特徴などを基に，全体のイメージや作風などで捉えることを理解すること。
                                            中学校学習指導要領より
```

絵や彫刻などに表現する活動では，感じ取ったことや考えたこと，心の世界などから主題を生み出し，創出した主題などから，単純化したり強調したりするなどして自分の考えを練り上げ，主題の中心となるものや表す形，色彩などを整理して構成を工夫しながら構想を練ることが大切です。

そうした際に，〔共通事項〕を基に形や色彩などを検討して，それらがどのような様子の変化をもたらすのかを考えていく場面を設けることで，構想を練ったり主題を一層深めたりする活動につながっていきます。（図6）

この場面における「学び合い」は，自己の内面や感情，夢や想像といった幅広い世界などから感じ取ったことを，伝えられる範囲で他者と共有することにより，気づかなかった世界に想いを巡らせる機会をつくります。その上で生まれた主題を基に，構想を練った後，他者に伝えて意見をもらう場面でも効果的に働きます。他者との学び合いは，自分の考えを整理し，深めていくために大切であると考えます。イメージに広がりをもたせたい場面や主題を更新しながら深めていく場面で「学び合い」は有効に働きます。

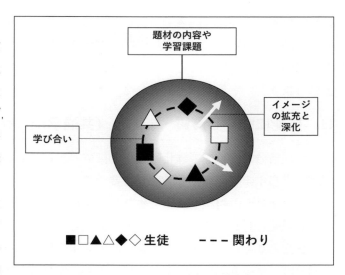

図6　導入からイメージを拡充し
主題を生み出す過程での学び合い

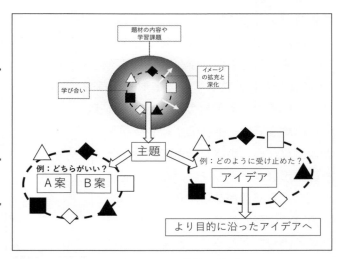

図7　デザイン分野に関わる
「学び合い」の在り方（一例）

デザインや工芸などに表現する活動では，構成や装飾の目的や条件などを基に，用いる場や環境，社会との関わりから主題を生み出し，調和のとれた洗練された美しさなどを総合的に考え，個人としての感じ方や好みにとどまらず，より多くの人が共通して感じる感覚や社会との関わりを意識しながら総合的に考え，構想を練ることが大切です。

この場面における「学び合い」は，〔共通事項〕の視点から，構想し構成したことが，目的や条件に合致しているかどうか，また，伝わる内容になっているのかを確認するために取り入

れるのがよいでしょう。表そうとしていることを生徒個人が客観的に判断することは難易度の高い活動となります。生徒自身の中に客観的な視点をもたせるためにも，相手の構想に対しその立場の人の視点に立って，自分の考えを伝えることは，他者の理解も含め，重要な学習活動となります。

3　技能に関する資質・能力と〔共通事項〕を関連させた学び合い

　生徒が自分の表現を具体化するためには，表現している過程において〔共通事項〕を基に，何度も立ち止まり，考える時間が必要です。技能の資質・能力の育成のためには，発想や構想したことを基に，材料や用具を生かし意図に応じた表現方法を追求して，創造的に表していくことや見通しをもって表す活動を取り入れていくことが大切です。表現の途中段階で「学び合い」を設定することにより，資質・能力はより確かなものになると考えます。

　図8は，生徒Aの表現に対し，形や色彩，素材などの選択についてどのように感じ取れるか他者と意見を交流することにより，表現をより豊かにする学びの過程を示したものです。

　生徒は，表現している最中，自分の感覚を大切にして学習を進めていきます。しかし，うまく表せないときや失敗してしまったときなどは，他者に話を聞いてもらったり，見てもらったり，はたまた他の人の表現をのぞき見たりすることで解決することもあります。技能の資質・能力の獲得のために「学び合い」は不可欠となります。他者が作者の表現に関わるポイントは〔共通事項〕に示されている造形的な特徴などが，全体のイメージや作風にどのように影響を与えているかを伝え合う場面となります。

　その場面では，他者の主題や意図を踏まえながら，表されたどの表現からどのようなイメージを受けるのかを適切に伝える必要があります。様々な表現方法や造形的な要素の理解を前提に伝える内容を考えることが重要となります。こうした学習活動は，他者のためでもあり，自分の見方を深めていくことにもつながると考えます。

　その上で，作者は表現するために必要な視点を取り入れたり検討したりしながら，意図に応じた自分の表現方法を追求し，創造的に表すことにつなげていきます。

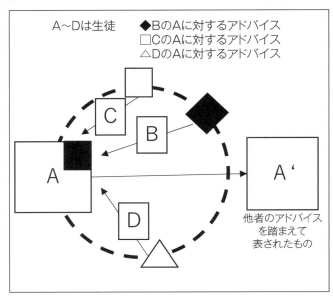

図8　技能における学び合い（一例）

4 鑑賞に関する資質・能力と〔共通事項〕を関連させた学び合い

　鑑賞は，美術作品や生活や社会の中の美術の働きや美術文化について，造形的な見方や考え方を働かせて見方や感じ方を広げる活動です。その際に多様な視点から深く作品に向かい合ったり，自分の価値意識をもって批評し合ったりするなどして他者と考えを交流することが大切です。鑑賞は「学び合い」が不可欠な分野であり，それによって生徒自身の内面に価値を創造することができるようになると考えています。

　この鑑賞における「学び合い」は，鑑賞の対象に対し，生徒同士が何を感じ取っているかを言葉にして伝え合うことが中心となります。教師は生徒の発言をきっかけに生徒同士をつなげていくことになります。（図9）

　この鑑賞の対象は，１つの場合もあれば複数でも可能です。複数の対象であれば，グループごとに鑑賞した内容をグループ間で共有すれば，様々な価値観を感じ取ることもできます。こうした鑑賞によって育まれる資質・能力は〔共通事項〕に示された視点の理解を深めていきます。それは，結果的に表現にも生かされていくものです。造形要素の性質やそれらが感情にもたらす効果の理解は，「学び合い」を通して，他者の様々な感じ方を知ることで深まっていくものと考えます。そして，鑑賞を通して育まれた資質・能力が表現での「学び合い」で発揮され，個人の学びとして定着していくサイクルが生まれます。

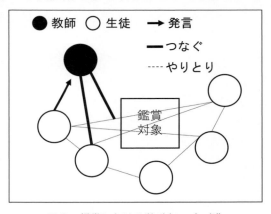

図9　鑑賞における学び合い（一例）

1章

絵や彫刻などでの
「学び合い」
題材＆授業プラン

1　心に残したい風景

題材の紹介　中学校生活を数か月送り，少し慣れた時期に，入学当初に印象に残った場所を描く授業です。入学したての新鮮な気持ちを振り返り，どんな場所が記憶や印象に残っているかを想起することから始めます。そして，今その場所をどんな気持ちで見ているかを考えながら表現していきました。

材　料　画用紙，アクリル絵の具

道　具　画板，タブレット

1　ねらい

　中学校生活のはじめに印象に残った情景を，様々な角度から見つめ，より自分の気持ちに近いアングルから眺め，表現の工夫をしながら表す。

2　「学び合い」に向けての授業づくりのポイント

　仲間が選んだ場所の理由や表現方法の工夫に共感し，アドバイスを行ったり自分の表現に生かしていこうとしたりする場面を意図的につくりながら授業を展開していきました。

3　題材指導計画

第1時①	第2・3時②	第4〜7時③	第8時④
中学校生活のスタートで印象に残った場所を思い出しながら選定し，構図を考えながらいくつかの場所を撮影する。	第1時で検討した場所の中から，最も自分の主題を表せる場所を決める。そして，どの角度から描くと自分の心情を表現できるか，第1時で撮影した写真などを踏まえた上で構図を決定する。	参考作品を基にして，様々な着色の方法を学びながら，自分の表し方で下描きし，着色していく。	毎時の振り返りを読み返しながら，自分の題材を振り返り，他者の作品を鑑賞する。

4 授業展開モデル

①中学校生活のスタートで印象に残った場所を探し,撮影する【第1時】

　中学校生活を始めた頃に,目に入った風景にはどんな
ところがあったかを想起することから始めました。期待
や不安,決意の入り混じった心境のときに,それぞれが
印象に残る情景は異なります。

　授業では,外へ出たり,校内を歩いたりして,その場
所の撮影を行いました。

　教室に戻った後は,その場所にどんな印象をもってい
たのかをまとめ,他者に伝えられる範囲で話しました。
他者の話を聞く中で,別の場所を思い出し記録する生徒
も多くいました。

構図を検討している様子

　T：どこが印象に残っていたの?
　S1：やっぱり,校門から見た校舎の様子です。白い壁が光っているようでした。
　S2：生徒玄関にある置き時計です。ずっと時間を刻んでいるんだなと思いました。
　S3：教室に曲がったときの廊下が光っていてきれいだなと思いました。
　T：今しか感じられないその感覚を,絵に残しておきませんか?

> **Point**
> 描き残したい場所に実際に向かい仲間と写真撮影をする活動は,他者の選択した場所を知
> ることになります。またその場所を共有することで,表現したい思いは強くなります。

②自分の気持ちを表す角度から情景を捉え,構図を決定する【第2・3時】

　情景を捉えて描くときは,画面に風景をどのように収めていくかを検討することが大切です。
その際に,厚紙を四角くくりぬいた枠を用い,のぞき込みながら構図を決定していきました。
絵に表すことは写真とは異なりますから,枠の外にはみ出ているものを枠の中に位置づけて描
くことができます。仲間同士で,何を描きたいのか,何が自分の表現に大切なのかを話しなが
ら取り組むことが,構図の決定ではとても大切です。

　S1：どこから描いたらいいいかな?
　S2：何を一番描きたいの?

Ｓ１：校舎のこの角。光と影がはっきりしているこの白い壁を一番表したい。

Ｔ：まず位置を決めたらいいかもね。画用紙のどの位置がいいかな？

Ｓ２：（指をさし）空は入れるの？

Ｓ１：入れた方がいいよね。

Ｓ２：空をたくさん入れたかったら，離れた方がいいよ。

> ## Point
> 近くの場所で描いている生徒を呼び寄せて，一緒に構図の検討をします。生徒は「自分だったら」の視点でアドバイスしていきます。それが，作者にとってとても重要な時間となります。

③下描きをして着色する【第４～７時】

　下描きが終わった後は，着色を行いました。この場面では，様々な画家の風景画の作品で描き方の工夫について鑑賞を行い，自分の表現したいことと照らし合わせて，工夫の幅を広げるための活動を取り入れました。

着色の途中の段階で，仲間と表現を共有する

Ｔ：風景画といってもいろいろな描き方があるんですよね。

Ｓ１：全然違うなあ。

Ｓ２：これ，点々で描いてる。すごい。ちゃんと見える。

Ｔ：描き方でどんな印象の違いがありますか？

Ｓ３：この作品は，薄い色がたくさん重なっているから，やわらかい感じがする。

Ｓ４：これは，色で描いている感じ。形の境目がないから，色の印象が強い。色を表したかったのかな。

Ｓ５：でも，釧路もそうだけど，霧だったら，こんな感じに見えるときあるよね。

Ｓ４：たしかに。

Ｔ：描き方で，見る人の印象もずいぶん変わるね。みなさんも，意図して自分の表したいことに合わせて，筆の使い方や色の濃淡などを工夫してみようか。

Point

風景を捉える表現には様々な描き方があることに気づかせるために，鑑賞を取り入れます。
それは，生徒同士が互いの感じ方を共有する大切な活動となります。

④表現過程を振り返りながら，相互鑑賞をする【第8時】

この授業では，表現の過程で考えたことや次の時間に取り組みたいことを，描いた作品の裏面に記録しました。そうした蓄積を用いて振り返り，他者の考えに触れながら互いの作品を鑑賞していきました。

完成した作品

Point

完成した作品の場所を互いに共有することで，互いの思いを確認していくことは，表現の理解へとつながっていきます。

作品の裏面に記述した毎時の振り返り

実際描いてみると線を直線にすることや，
線の角度とかが難しかった。画用紙を遠くから
写真と見比べてみると角度や位置があってないことが
わかった

7/10 色ぬりに入って空と校舎のかべをぬれた
空は，水をたっぷりにしてみたらうまく
できた。かべの色はむらができてしまった
全体に色をぬるという目標が達成で
きなかった

7/11 全体の色をぬることができた
木の影も少しぬることができた
次回は，重色をして，木や校舎を完成させる

**他者に自分の表現の困っていることや主題を伝え，
受け取ったアドバイス**

校舎も地面を
塗ったときの
ポイントを意識
して塗り重ねて
みたらどうかな？

「壁の色にむらができてしまっ
た」ということや「明るさに気
をつけて描く」という目標
から，壁の濃淡をもう
少しはっきりさせたらより
よい作品になると思います。
（近くのものはより濃くしてメリハリをつける）

授業ごとの振り返りと他者からのアドバイス（作品の裏面）

2　思い出の石から学ぶこと

題材の紹介　宿泊研修で訪れた場所から採取してきた石を観察し，粘土を用いて立体的な特徴をつかんで表現する授業です。採取した石には，中学校生活最初の行事での思い出がつまっています。観察していく中で，どのような特徴をもつ石であるか，形や色彩の側面から徹底的に見つめていきます。そして，素材や道具を工夫しながら表現していきます。

材　料　樹脂粘土，アクリル絵の具

道　具　粘土ベラ，粘土板，クロッキー帳，タブレット

1　ねらい

　思い出のある対象物を鑑賞し，形態や色彩の特徴を捉えて，仲間と作品のよさや改善点を述べ合いながら，創造的に表していく。

2　「学び合い」に向けての授業づくりのポイント

　石を拾い上げたときの感覚や心情は，同じ経験をともにした仲間同士で共有しやすいです。対象の特徴を捉える観察の場面では，自分の見方を高めていくために他者の意見を取り入れていけるような活動を計画しました。

3　題材指導計画

第1時①	第2時②	第3時	第4時③	第5時④
石を見つけた瞬間を語り合い，宿泊研修の思い出を想起する。石の特徴を捉えるために，形と色の視点で観察する。	石を観察し，量感を感じ取りながら，大まかな凹凸を表していく。	細部の形を，様々な道具を活用しながら表していく。	全体の色と部分の色の特徴に分けて，アクリル絵の具で表していく。道具を工夫しながら表す。	完成した作品を撮影し，他者の作品を鑑賞しながら，石のどのような特徴に着目したかについて感じたことを伝え合う。

4 授業展開モデル

①行事と石の思い出を想起しながら，対象の特徴を捉える【第1時】

　自分が選んだ石の特徴を見つけるために，学級全員の石を並べて鑑賞する時間をとりました。自分が特徴的だと思っていた形が，他者のものと混ざることで，もっと違う部分が特徴であることを知ったり，より強調されて見えてきたりします。

仲間の石と比較して特徴を見つける

　T：みんなで石をテーブルの上に並べて，その中から自
　　　分の石を見つけだしてごらん。
　S1：え〜とね，おれの石はね赤っぽくてね。ん？
　　　　平たくてごつごつしていて……。
　S2：私のは絶対にわかります。だってめずらしい色だったから。
　S3：これ，S1さんのじゃないよ，ぼくのだよ。
　T：他の石と比較してみるとどこが特徴なのか見えてくるかな？　思い出の石，どこにこだ
　　　わって表していきたいですか？

> **Point**
> 生徒が対象の特徴だと思っていることは，他のものと比べてみるとさほど大きな特徴ではなかったりするものです。また，思っていた通りに特徴が際立つこともあります。そうした発見について学級全員で意見を共有する場面をつくりました。

②対象を観察して大まかな形を捉える【第2時】

　対象を観察し，全体や部分の形を捉えます。立体の6面の方向から表すことを意識して，見る視点を変えながら，道具を適切に選び表現していきます。
　図1は，そうした活動の中で，本物の石と粘土で形成したものを同じ方向から撮影し，他者に違いについて指摘してもらって，自分が気づいた点を書き込んだものです。

大まかな形を形成している様子

S1：高さがたりないかなあ。

S2：まだ，たりないか〜。

S1：ほら，ここから見たら（目線を下げ
て）まだたりないよ。

S3：ここは，影の形を比べると，同じか
どうかを判断できるよ。

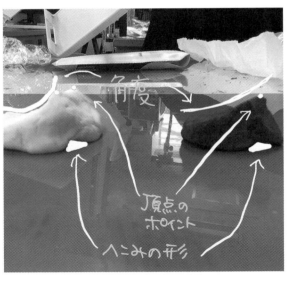

図1　対象と粘土を比較した提出物

③対象を大まかな色と部分の色という視点をもちながら表現していく【第4時】

　形の形成が終わった後，石を全体の色と部
分の色に分けて観察しました。まず石全体の
色を混色して着色していきました。部分の色
の表現では，たくさんの絵の具を使うわけで
はないため，パレットの使い方や筆の使い方，
他の材料を使って工夫できるように促しまし
た。

着色している様子

T：S3さんの表し方を見てください。
（その場で撮影した動画を見せる）

S1：雑巾を使ってる！

T：他にも自分と違うやり方をしていると
ころはありますか？

S2：筆の使い方が，塗るっていうより，点々とつけている感じ。

T：どうしてそうやったの？　S3さん。

S3：細かくいろんな粒の色が見えて，でも筆だとたくさんつきすぎるので，雑巾を使いま
した。

石の形の特徴をとらえているね。 少しずつ色を変えて再現しているね。 穴を空けたりして、道具もしっかり活用しているね	・形が細かく表されている。 ・石のぶつぶつなどが表現されている。 細かい所の色使いができてる	盛り上がっているところが再現されていて良いと思いました。 色は、赤っぽい所もきちんと観察していてとても良いと思いました

A君の表現に対する班員の意見

Point

絵の具の使い方を教え込むのではなく，他者が工夫している様子を見せて気づかせることに重点を置きました。そうすることで自分に合った表現の工夫が生まれていきます。

④完成した作品を撮影し，他者の考えを聞きながら相互鑑賞を行う【第5時】

授業の最後は，完成した作品を最適な場所に置いて撮影し，撮影した作品を用いて教室で鑑賞会を行いました。すでに座席が近い生徒同士はこれまでの表現の経過を知っています。撮影は別の他者との関わりを生み，相互鑑賞が自然と生まれます。

完成した作品を撮影して

Point

撮影の場は，思いがけない相互鑑賞の場面です。自分の表現がもっともよく表れる場所を探すことも大切な学びです。

※本授業は，大阪教育大学附属天王寺中学校の宣昌大先生の授業を参考に，本校の実態に合わせて内容を改変したものです

3　宝物を描く

題材の紹介　自分が大切にしているものを持参して，それをもらったときの思い出を振り返り，対象のどんな特徴を描き表したいかを考えながら表現する授業です。
この授業では，一律に画用紙に描くのではなく，様々な素材を用意して，宝物を描くのにふさわしい画材を選択するところから始めました。

材　料　アクリル絵の具，様々な素材，色画用紙

道　具　クロッキー帳，のり

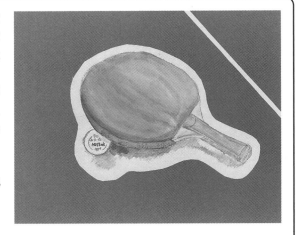

1　ねらい

自分が大切にしている思い出を振り返りながら対象を観察して，特徴的な部分を探し，表現を工夫して表す。

2　「学び合い」に向けての授業づくりのポイント

画材を選ぶときや対象を捉えて描くときに，仲間の意見をもらって検討する場面を設けていくようにしました。

3　題材指導計画

第1時①	第2時②	第3・4時③	第5時④
家から持参した宝物の思い出を仲間と共有しながら，なぜ大切にしてきたかを思い出していく。そして，スケッチする。	宝物への想いを一番表すことのできる画材を選定して，下描きをする。	選んだ画材に合う着色の材料などを確認しながら，試し描きを繰り返し，最適な色やタッチで表していく。	完成した作品に合う色の台紙を選び，作品のよさが伝わるように工夫していく。そして，相互鑑賞を行う。

4 授業展開モデル

①宝物をもらったときの思い出や，それをなぜ大切にしてきたのかを思い出しながら，スケッチする【第1時】

　家から持参したものが，宝物になった理由を考えるところから授業を始めました。「気づけば大事にしていた」「大切な人からもらった」など，生徒によってそれが宝物になった理由がいくつも出てきます。そして，宝物を観察し，どんなところを大切に表現していきたいかを考えていきました。

　　T：みなさんは，どんな宝物をもってきたのかな？
　　S1：これは，お母さんが小さいときからもっているクマで，いつも身近にあります。
　　S2：これは，大切な人からもらって，光が乱反射してとてもきれいだと思うからもってきました。
　　S3：中学校の入学祝いでおじいちゃんからもらいました。大切にしたいので。

Point
生徒がそれぞれのものに抱く感情をできるだけ取り上げることが大切です。その上で，ただ描くのではなく，思いを込めて描くことを学級全体で共有していきます。

②宝物を描くための画材を選び，下描きをする【第2時】

　大切な宝物を表現するために，「ここはどうしても表したい」「手触りの感じを表したい」といったテーマが見えてきます。描く素材を複数用意しておき，その中から宝物に合ったものを選べるようにしました。（例えば，画用紙，ケント紙，キャンバスのように凹凸が入った紙，アクリル板，木の板など）

　　S1：このフワフワの毛を表したいから，画用紙はちょっと違うな～。
　　S2：この紙やわらかくない？　色も黄色だし。
　　S1：先生，この紙は何ていう紙ですか？
　　T：鳥の子紙っていうんだよ。通常は版画の用紙だね。
　　S2：ちょっと毛羽立っているよね。裏面。
　　S3：アクリル板もいいなあ……。でも何の絵の具が使えるんだろう。
　　T：みなさん，S3さんがアクリル板だったら何の絵の具がいいかなと言っているけど，アイデアないですか？

S4：アクリル絵の具だったらはじかないかも？（全員うなずく）

宝物の特徴を見出し下描きする

真ん中の絵のように、正面から見たものだけを描く
より、透けていることで見える裏側の部分も描く
と、立体感が増すとアドバイスをもらった。(左と右
の絵)
絵を描くときは、視点を固定して、塗っている部分
の色の見え方が変わらないようにしようと思った。

表現の変化を記した振り返り

> **Point**
> 宝物の感じを捉えながら画材を選ぶことができるように，大きなテーブルの上に準備して
> おき，その場で仲間と交流しながら選択できるように設定しました。

③試し描きをしながら，着色をする【第3・4時】

　下描きが終わった後は，着色を行いました。質感や画材に合わせた着色方法を仲間と相談し
ながら表現していきました。また，試し描きをすぐに行えるように，画材の下に大きな画用紙
を敷くようにしました。

T：作品の下に敷いた画用紙には，何度
　　でも試し描きしていいですよ。
S1：う〜ん，なんか違う。
S2：もっと明るい緑にしたい？
S3：混ぜる色を変えると，印象が変わ
　　るよ。おれのは，黄色入れた。
S1：なるほどね，黄色ではないなあ〜
　　白かなあ。（確認して）どう見え
　　る？

タッチや色の感じを確認しながら描いている様子

④完成した作品を台紙に貼り，相互鑑賞を行う【第5時】

完成した作品は，描いたものの色や材質に合わせて台紙を選択して貼りつけていきました。数色を切り貼りして工夫する生徒もおり，自分の作品を引き立たせる視点で最後の表現を行ってから，相互鑑賞をしました。

完成作品に合う台紙を選択している様子

宝ものを描く　授業記録

宝物の形や色を観察して表現に生かしたこと

素材は透明だけど、見え方によって色が変わるから沢山の色を使ってみた。また、立体で、影がついているからパーツの影になっているところを暗い色にしたり、黒を使わないで別の色に水を沢山加えて薄暗い色を表現した。形は1つの角度で描くのが難しかったけど、角度を変えるような描き方をして、うまく立体感を出せたと思う。

道具の活用で工夫したことや難しいと感じたこと

光の感じを表すのが難しくて、綺麗な色なんだけど色が重なっていたり、色を濃く塗りすぎると外から光が入っている立体のイメージを表現できなかったりした。最終的にも色の濃い部分が多くて、自分的にはもう少し薄い色で塗れたらよかった。色が重なっていたところもグラデーションっぽく描こうとしたけど、何回も塗ってると色がはみ出て外側の線が消えたりしたから、最後に上書きして工夫したらもう少しいい作品になったと思う。

題材を通して考えてきたことを振り返って

4　Answer Art ～作品の声を聴く～

題材の紹介　着想を得るためのきっかけとして鑑賞を設定し，感じ取ったことや考えたことを基に，鑑賞作品への返答となる表現に挑戦しました。主題を生み出す場面，構想場面，表現活動で「学び合い」を通して活動していく過程を重視しました。

材　料　鑑賞作品，表現に使いたいもの（生徒によって異なる），共通の材料（紙など）

道　具　素材によって異なる切断できる道具，素材の違いに対応する接着材　など

1　ねらい

鑑賞作品から感じたことや考えたことを基に，作品に返答する主題を生み出し，様々な表現方法や素材を検討しながら，創造的に表現する。

2　「学び合い」に向けての授業づくりのポイント

生徒の考えを深め，主題に沿ったよりよい表現の追求のために，主題を生み出す過程や表現の構想，表現の場面で，他者の意見を通して様々な見方や考え方を共有できる発問や場の設定をしました。

3　題材指導計画

第1時①	第2時②	第3時③	第4～7時④	第8時
作品（美術館所蔵作品）を鑑賞する。	鑑賞して感じたことを基にAnswer Artの主題を生み出す。	他者から意見をもらいながら，主題を追求する表現方法や素材を構想する。	材料や道具の特性を生かし，意図に応じて使い分けるなどして自分の表現を追求する。	他者の作品を鑑賞し，美術作品のもつ価値や作者の意図についての理解を深める。

4 授業展開モデル

①鑑賞を通して，作品に贈るメッセージを見出していく【第1時】

　対話的なやりとりを重視した鑑賞で，作品から感じ取った自分の考えを仲間と共有しながら，描かれている対象や事象の理解を深めていきます。生徒の発言と事前に準備していた発問を紐づけながら授業を展開していきました。

鑑賞の様子

T：第一印象はどうですか？

S1：近くで見てると，フクロウの目の力が強い。何か問いかけている感じがします。

S2：2羽のフクロウ。森の中だけど，少し土地が開けているようにも感じる。

S3：なんだかすごく見られているよう。

T：フクロウは何を見ているんだろう。視線の先に何があると思う？

S3：何かを見ているのではなく，心がないかのようにぼーっとしている。

S4：遠くを見ているような気がする。目に力が入っていなくて悲しげ。

S5：このフクロウは，巣にしてた場所を追われたと感じた。地面に下りることはめずらしそう。

T：どうしてめずらしいの？

> 白い花，白いふくろう，白は何色にでも染まることができる特徴を持っているので，白い花や白いふくろうが少し緑がかっているのは森，自然の強さ，怖さなど森の緑の存在を強く表しているのかと感じた。染まってしまう，白の弱さ。ふくろうの大きさから，木は高いので，視点を低くから見ると，全てが大きくて，圧倒されている，囲まれているように，ふくろう達は感じるのかなと思った。
>
> 自然に比べると，小さい花やふくろうはちっぽけ。

ワークシート

Point
様々な見方や感じ方で，作品に表現された物語を学級集団で共有することによって，最初は想像していなかった世界を感じられるように発問を工夫しました。

②鑑賞して感じたことに対して自分の返答（＝アンサー）を構想する【第2時】

　鑑賞作品から受け取ったことを基に，「返答＝伝えたいこと（主題）」を他者と意見を共有しながらまとめ，主題を追求するためのアイデアスケッチを行いました。

主題となる返答を仲間と共有する

　　T：作品から感じたことにはどんなことがありましたか？
　　S1：2羽のフクロウの悲しみや暗さ，静けさ，フクロウだけでなくて森全体の悲しさを感じた。
　　S2：悲しさやからっぽ，未来や希望が見えないように思った。
　　T：感じ取ったことに対する返答（伝えたいこと）はどんなことですか？
　　S1：明るさを。作品全体で前向きなことを伝えたい。今から飛び立つ様子とか。
　　S2：希望を取り戻して。がんばって生きて。力強く。そして安心させたい。

Point
鑑賞で感じたことを仲間と十分共有し，「伝えたいこと（返答）」という学習課題をキーワードに主題を生み出せるように促していきました。

③主題とアイデアスケッチに対して他者から意見をもらい，構想を再考する【第3時】

　構想で描いたアイデアスケッチ（図1）に対して，表そうとしていることは何か，予定している素材に対する印象や意見をもらう場面を設定しました。

　生徒は，他者の構想したアイデアスケッチと作者の主題を聞き，受けた印象を相手に伝えます。他者から伝えられたことを基に，再度表現方法や素材を検討していきます。

自分の考えを相手に伝える

　　T：アイデアスケッチ（図1）と作者の主題を聞いてどんな印象をもったか相手に伝えてみましょう。

S1：どうしてフクロウを閉じ込めているのだろう？

S2：今はまだ，自由になっていないから。

S1：全部粘土でつくると右と左の印象が同じになってしまうから，素材を変えた方がいい。

S3：自然は，絵の具だけじゃ自然な感じが伝わらないかも。

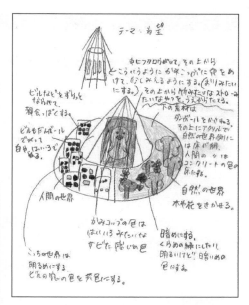

図1　生徒のアイデアスケッチ

④材料や道具の特性を生かして，他者から意見をもらいながら自分の表現を追求する

【第4～7時】

　表現の場面では，生徒は表していることが自分のイメージと合っているのか，他者からはどう見えるのかをとても気にしています。そのため，表現活動の場面では，自然な学び合いが生まれる「場」づくりが大切です。

　右の場面は，グルーガンを使う場所で同じ行程の2人が接着する素材やどんなイメージでつくっているのかを話しながら活動している様子です。この場所では，道具の操作や表現の困り感などを共有します。

　図1を描いた生徒は，この場所で絵の具では表現できない自然の質感を出すために，人工芝を扱っている仲間からヒントを得て，人工芝を短く切り，あらかじめつくっていた木にグルーガンで接着していました。

接着しながら作品の説明をしている

5　この窓をのぞいてごらん

題材の紹介　描く紙を窓に見立て，窓の向こうにはどんな空想の世界が広がっているかを考えながら表現していきました。

空想の世界は，自分の夢や理想などを組み合わせながら生み出していきました。

また，完成作品は壁に展示するのはもちろんのこと，ＡＲアプリを用いて，仲間に演技してもらい，拡張現実の表現に結びつけていきました。

材　料　コースターに使用する用紙（丸型・四角型），アクリル絵の具

道　具　鉛筆，水彩色鉛筆，ＡＲ加工アプリ，タブレット

1　ねらい

　自分の理想や想像や感情などから生み出した空想の世界を基に主題を生み出し，効果的に表現するための構図を考え，形や色彩，空間や遠近感，アングルの効果を踏まえながら工夫し表す。

2　「学び合い」に向けての授業づくりのポイント

　個人の作品の表現であっても，その過程でアドバイスしてくれた仲間が，完成作品を引き立てる役割を担う関わりがもてるように授業を構成しました。

3　題材指導計画

第1時①	第2時②	第3時③	第4〜7時④	第8時
作品を鑑賞し，主題を生み出す。窓に見立てた紙に，どのような空想の世界を表現したらよいか主題を見つける。	主題を表すために，どのような要素を組み合わせるのか，どのような構図で描くのかを考え，アイデアスケッチをする。	他者の主題について知り，構図案を提供する。他者から受け取った構図案を踏まえて，最適な表現を検討し下絵を描く。	様々な遠近法や色彩の効果を理解しながら着色する。表現した作品を，ＡＲアプリを用いて学校の空間を舞台にして撮影する。	撮影したものを仲間とともに鑑賞する。

4　授業展開モデル

①窓に見立てた紙の向こうに広がる空想の世界を考え，主題を生み出す【第1時】

　夢や空想の世界について，アイデアをふくらませるために意見を共有しました。また，鑑賞作品から，どういった空想の世界なのかについて考えていきました。現実にはない世界を想像した生徒，こんな世界だったら面白いと想像した生徒。どちらでも空想の世界へのアプローチは可能です。このやりとりが，個々でアイデアをふくらませる重要な時間となります。

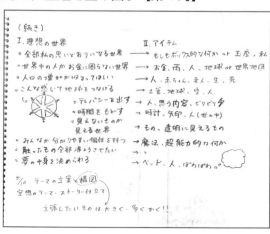

夢や理想の世界を想像して書き出した

　T：空想の世界ってどんな世界？

　S1：現実ではない世界。

　T：どうですか？（生徒はうなずく）別の表現で考えた人はいるかな？

　S2：パラレルワールドとか，不思議で見たことがない世界のことをいいそう。

　S3：人が想像した世界。（生徒の「あ〜」の声）

　T：随分納得の声が出ていたなあ。理想の世界を組み合わせてもできるかもしれないね。みんなの理想の世界ってどんなもの？　文章でノートに書き出してみようか。

Point
鑑賞作品から受ける印象を仲間と交流する時間を設けました。人によって受け止め方が異なることに気づき，空想の世界の面白さを知り，発想を広げていくことにつながります。

②主題を表すために必要なモチーフの構図を考えながらアイデアスケッチをする【第2時】

　前時で設定した空想の世界のテーマ（主題）を表すために，必要になりそうなモチーフを考え描き出します。その後，主題を表すためにどのくらいそのモチーフが重要であるか順位づけをしました。これは，大きさや配置などの構図を考えやすくするために設定した活動です。また，前時で鑑賞した作品を用いて，空想の世界にどのようにモチーフを効果的に配置していくかを考える時間を設けました。

アイデアスケッチの様子

③他者の主題の説明を聞いて構図案を提供する。受け取った構図案を基に構想し下絵を描く

【第3時】

　自分の表したい世界を表現するために，いくつかのアイデアスケッチで構成を考えた後，主題を他者に説明して，構図案を1つ描いてもらう時間を設けました。構図案を受け取った後は，他者から提案された構図案と自分が考えてきた構図案を融合させたり，自分になかったアイデアとして取り入れて構図案をふくらませたりしていきました。他者の意見を踏まえた構図案と自分で考えていた構図案を比べて選択したり，自分で考えた構図案がよいと決断したりする時間は大切です。

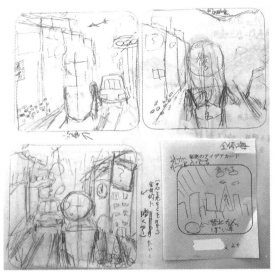

他者の案を踏まえて構図を検討する

　T：構図案はいくつかできましたか？
　S1：なかなか難しいです。どれが一番いいかな？
　S2：どんなモチーフの配置がいいかわからない。
　T：隣の人の主題を聞いて，構図を考え，提供してみましょう。
　S3：私は，走ることが好きだから，永遠に走り続けることができる様子を表したい。
　S4：それ，結構難しいね。ずーっと道が続いているようにしたらどうだろう。

構図の決断と下絵を描く	構図の決断と下描き
同じような案ばかりでずっと考えていたんですが，隣の人からもらった案のおかげで，新しい景色が見えて，納得のいく構図が完成したので実際の紙に描くのが楽しみです。 次回は本格的に着色に入ると思うので，色の案も想像しながら，線で描くところを使い分けて，見通しをもって活動したいです。	今回は○○さんのアイデアを自分の作品につなげていきました。自分の予想をはるかに超える配置で驚きました。こんな配置方法があったのかと感じることができ，その考えを自分の作品に取り入れて，よりよいものにできました。朝と夜の絵を入れることで，他の人との時差が感じられるようになったと思います。 次の着色で，より時差を感じられるようにしたいです。

第3時の振り返り（抽出生徒A・B）

④着色し，作品をARアプリを用いて空間に配置し，撮影する【第4～7時】

表現した作品を，ARアプリを用いて学校の空間を舞台にして撮影しました。このとき，描いた窓をのぞいているシチュエーションを演出するために，これまでアドバイスしてくれていた仲間に協力してもらいます。協力した生徒は，すでに相手の主題を理解し作品の内容を熟知していますので，作品を引き立てる演技をします。

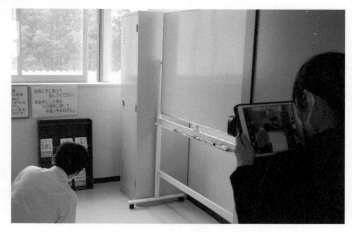

ARアプリを用いての撮影の様子

Ｓ１：もうちょっと右に体を傾けてほしい。

Ｓ２：首は傾けた方がいい？

Ｓ２：（撮影した写真を見て）もう少し，作品に寄った方がいいんじゃないかな。

Ｓ１：Ｓ２さんの奥の方に作品があるから，この距離感で撮りたいなあ。

Point
ARアプリを用いた撮影では，作者とモデルになる他者の協働が不可欠です。モデルになる生徒は，どのように表したいのかを聞き出しながら，作品をよりよくするために協力するようにします。

6　くしろカラーハント

題材の紹介 「くしろを表す」とした学習課題の中で，生徒が考えた釧路に対する想いを主題として表現する学習です。

表現するために用いる画材の1つとして，学校周辺の土地から様々な色の変化のある土を採取して水干絵具をつくり，地域の題材を地域で採取した画材を用いて表現していく授業にしました。

そして，完成した作品は地域の方に向けた展覧会を開催して展示し，その機会を生かして相互鑑賞を行いました。

材　料　採取した土，水のり，表現方法に適した画材

道　具　スコップ，バケツ，桶，紙コップ，筆，容器，個人の表現で必要な道具

1　ねらい

地元を見つめ直し，暮らしの中で感じる地元に対する感情や情景を基に主題を生み出し，表現方法を選択しながら，表現の過程を計画して創造的に表す。

2　「学び合い」に向けての授業づくりのポイント

地元釧路に対する考えを仲間と共有することを起点に，画材づくりから表現のアドバイスまで，協働で活動できる場面を授業に位置づけました。

3　題材指導計画

第1・2時①	第3時②	第4〜6時③
「くしろを表す」という学習課題を把握し，釧路を表すための画材づくりをする。学校周辺の地層から異なる色の土を採取し，その土を用いて本題材で使用する水干絵具を班で協力しながら作製する。その際，色の違いや鉱物などにも着目する。	完成した水干絵具で試し描きし色名を決める。自分の考える釧路について意見を出し合い，表現の主題を生み出し，表現方法を考えていく。	主題を表すための表現方法を仲間に相談しながら確定し，表現していく。完成までの過程で何度も他者に見てもらいながら進めていく。

4　授業展開モデル

①学校周辺を掘り，地層から異なる色の土を採取し水干絵具をつくる【第1・2時】

　地元「くしろ」を学習課題として，表現する主題を生み出す過程の中に，自然に触れ，そこから材料を生み出す経験を位置づけました。学校の周辺は，火山灰などが堆積した層が残るところが複数箇所あり，その土地を生かすことにしました。

　土から絵具をつくる工程は，班ごとの取り組みとし，色の違いや変化を理科の見方や考え方も用いながら考え，活動していきました。

グラウンドの近くの地層から採取している

> T：絵具はつくれると思う？　学校の周りは人工
> 　　土ではない箇所が結構あるので，掘って調査
> 　　してみよう。
> S1：黒い土と……ほら緑に近いのがあった〜。
> S2：どれどれ，本当だ！　なんで？
> S3：でも，黄土色の土が多いね。
> S4：深いところに真っ黒なのもある。
> T：採取した土を使って，水干の方法で絵具の素
> 　　をつくってみようか。
> S2：汚れが浮いてきた。草も混じっているなあ。
> S3：（他の班のものを見て）場所によって随分
> 　　色が違うなあ。

土と水を混ぜ，ゴミを取り除いている様子

Point

　絵具の素になる土の採取から水干の工程に班で取り組み，色への愛着をもたせます。また，たくさんの発見がある活動ですので，多人数で疑問を解決しながら学習を進めていきます。

②試し描きして色名を考え，釧路を表現するための主題を生み出す【第３時】

　完成した絵具に水のりを混ぜて紙への定着や濃淡を確認しながら，色名を相談し，学級で使用できる絵具として完成させていきました。また，その過程の中で，学習課題に関わる主題を生み出していきました。その主題を表すための表現様式・方法は生徒に選択させました。

試し塗りをしながら色名を相談している様子

S１：どのくらい水のり入れた？

S２：入れすぎると絵具の伸びが悪くなる。

S３：あ，この感じ日焼けした肌色みたい。野球部の夏の肌っていう色名はどう？

S１：笑。いいね。それにしよう。

S２：これ普通に描けるね，絵の方がいいかな。タンチョウと雪の景色を描きたいからさ～。

Point
自分たちで生み出した絵具に色名をつけたり，絵具として使うための分量を班で相談したりしながら検討する学習活動を設定しました。

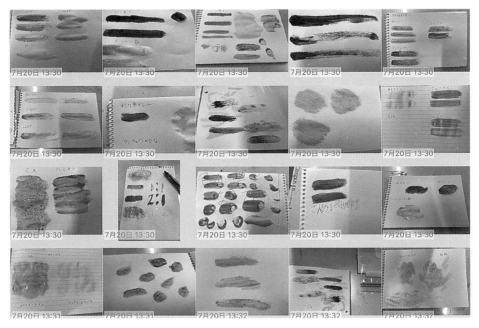

試し塗りの結果や色名を検討した際の資料一覧

③主題を表現する過程で仲間にアドバイスをもらう【第4～6時】

　生徒は，地元を表すために考えた主題を基にした構想を，前時から班員と共有しています。この時間からは，表現方法を選択し，表す活動に入りました。随時，表すためのサイズ感や構図，どのような素材を用いることが最適かについて，班員に相談しながら活動していきました。また，同じ色を使いたいと考えている生徒同士が相談できるように，各班で作成した色は，学級で共有できる机の上に置き，その場所でも表現についての相談などができるようにしました。

椅子をキャンバスにして描く作品に挑戦

　T：どんなテーマですか？
　S1：「釧路の発展と人々の関わり」にしようと思います。立体にしようか迷っています。
　S2：べつに立体物に描いてもよくない？
　T：それもいいね。どうする？
　S3：私は，冬の地面を表そうと思っています。氷がはっていて踏むとすぐに割れるくらいの時期の。
　T：冬の氷ね。釧路らしい。どうやって表すの？
　S3：絵かなと思っていますが，雪を表しにくくて。半分立体にするとか？

たくさんの色を準備して風景を描く

　S4：S5さんが発泡スチロールを使うと言っていたよ。発泡スチロールを崩したら，雪のイメージに近いかもね。

Point

　表現方法は主題に応じて選択させました。作成した色とどのように組み合わせて表現していくかを常に仲間に相談しながら取り組んでいくために，主題の共有は大切です。

7　Modern KAKEJIKU project

> 題材の紹介　中学2年生の時期の心情を主題として，自分の今の気持ちを表す姿をモチーフにして掛け軸で表現する題材です。
> この授業では，日本の美術で用いられる余白や画面構成の意図や工夫について，鑑賞を通して学習しながら自分の作品に取り入れることによって，美術文化や造形的な表現の工夫の理解につなげていくことも内容に含めました。（鑑賞の授業については3章で紹介しています）
>
> 材　料　和紙，色和紙，包装紙，日本画顔料
>
> 道　具　隈取筆，面相筆，タブレット

1　ねらい

　自らの感情などの心の世界から主題を生み出し，それを表す人の動きや姿を検討し，鑑賞作品から学んだ掛け軸の空間の使い方を生かしながら表す。

2　「学び合い」に向けての授業づくりのポイント

　自分の理想の姿を表現するために，他者の姿をモデルとして表していく過程の中で，互いの主題を認識し，構図の検討の場面で意見を述べ合えるような関係性を築けるようにしました。

3　題材指導計画

第1時①	第2時	第3時②	第4時③	第5時④
日常を振り返り，自分の現状と望む姿を想起しながら，掛け軸として表す主題を生み出す。他者に自分の希望するポーズを表してもらい撮影する。	鑑賞作品の掛け軸に表されている構図や表現の工夫について学ぶ。余白の効果や作者の想いについて考えていく。	構図を検討し（借景を考慮し），主題と表現方法を工夫しながら表していく。	表す色の感じや描き方を検討し，試し描きをしながら表現していく。	表現した作品を掛け軸の仕立てに似せて整え，互いの作品を鑑賞する。

4 授業展開モデル

①自分の理想を実現するポーズを考え，撮影して構想を練る【第1時】

　自分の日常を振り返り，思うようにいかないことやこうしたいと思っている願望などを想起し，実現している自分の姿を思い浮かべ，それを表すポーズを考えました。他者にそのポーズをしてもらい，撮影しながら確認していきました。

ポーズのモデルをしている様子

　T：みんなの理想はどんなことをしているとき？
　　　今の気持ちを考えてみよう。
　S1：やっぱり眠りたいなあ。寝そべっている感じ。
　S2：ぼんやりしたいよね。ぼんやりってどんな姿だろう。
　S3：椅子に座って，宙を見ているとか？

Point
　何気ない今の自分の理想を語り合い，そうした理想はどんなポーズで表せるか，互いにモデルをしながら構想を練っていけるような活動にしました。

②構図を検討しながら，主題と表現方法を検討する【第3時】

　第2時で掛け軸の鑑賞をしたことで，描く画面に対してポーズをとった人物をどう配置すべきか考える時間を設けました。位置によって生まれる余白に意味が生じてきますので，他者に意見をもらいつつ検討していきました。ワークシートには，たくさんの修正の線やトリミングの線が描かれました。

図1　掛け軸の構図を検討している

　S1：（自分の思いを伝えた後）こんな感じで考えているんだけど。（図1）
　S2：画面の真ん中に配置するよりは，左に寄っていた方がいいかも。
　S3：それ，難しいかも。このポーズだったら，足が

切れてしまうよ。

S1：光線出したくて，それが上に飛び出すから，
　　上はあけたいんだよね。

S2：わかる〜。え，べつに傾けてもよくない？

S1：そっか，そっか！　それ光線出せる！

【別のグループ】

S1：これ，角度変えた方がいいかな？

S2：椅子に座っているんだよね。大きいと圧迫
　　されているみたい。

S3：小さくしてもいいんじゃない？

S1：だとしたら上をもっとあけたいな。

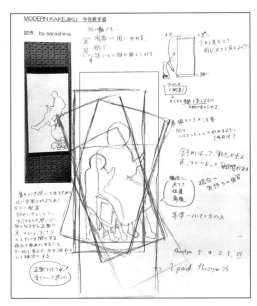

他者に構図を見てもらい
検討しているワークシート

Point

一度考えた構図案を班員に見てもらい，どんな印象を受けるか意見をもらいました。主題のイメージで，構図はどうあるべきかを相談し，もらった意見を踏まえて再検討する時間を設けました。

③表す色や描き方を試しながら表現していく【第4時】

　生徒はこの授業で初めて顔料の絵の具を使いました。普段の絵の具とは発色も混色の仕方も異なるので，イメージしていた色と顔料の風合いが合うか確かめるために，小さい和紙を準備し試し塗りをしながら表現していきました。線の色を途中から何色も使ってつないで描きたし，表現する生徒もいました。

試し塗りをして色を確認

T：日本画の顔料は使ってみてどうですか？

S1：透明感があってきれいです。

S2：濃い色でも，なんだか濃くないというか，水の量が大事です。

S3：線って難しいです。線の太さで印象が変わってしまうから。

T：大事に描いてみて。

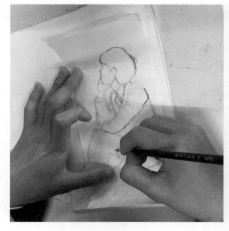
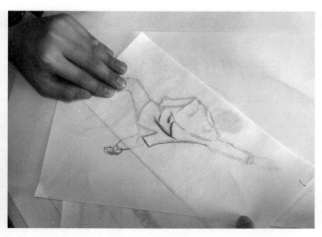

色をつなぎながら線で表す　　　　　　　　　　　構図を確認している様子

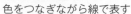

Point

仲間がどんな色を使っているか，どんな見え方になるかを共有できるように，班を構成して絵の具もシェアしながら活動しました。描き方や道具の使い方に慎重になるように互いに注意し合いながら活動を進めます。

④掛け軸の仕立てに似せて作品を整え鑑賞する【第5時】

　表した作品を，掛け軸の仕立てに近づけていくために，鑑賞で学んだことを踏まえて，柄の入った包装紙を使って表現していきました。風帯，一文字（上下）をつけて表しました。普段の作品とは随分違いがあります。生徒はくるくると巻いて持ち歩いたり，広げて掲示したりと，鑑賞のスタイルに変化が見られました。

　　Ｓ１：どの柄がいいかな〜，この色の方が合っているかも。
　　Ｓ２：一文字の色，ここで緑を使っているから同じ方がいい？
　　Ｓ１：でも，薄い青でも合うかも……。どんなイメージ？
　　Ｓ２：飛び出したい気持ちがあるから，青，いいかもね。

Point

完成した作品を掛け軸の仕立てに近づけるために，鑑賞したときの知識を共有しながら活動しました。

8　自分の「時間結晶」の形

題材の紹介　中学校生活を振り返り，3年間の時間の結晶として，これまで抱いてきた感情や考えを基に主題を設定し，手のひらで握りしめることができる大きさの抽象的な形で表現しました。耐久性のある水性樹脂と金属を用いて，特有の質感や光沢を生かしながら表しました。

材料　水性樹脂（JESMONITE），メタルフィラー，粘土，アルギン酸

道具　計量器，カップ，ストロー，割り箸，紙コップ

1　ねらい

3年間の時間の経過から主題を生み出し，様々な抽象形態と感情との関連について考え，形を構想し，自分にとって最適な形を見出して表す。

2　「学び合い」に向けての授業づくりのポイント

他者と対話を重ね，自他の形の見立ての違いや共通する部分を探りながら表現に反映していけるよう，形とイメージを繰り返し考えていく活動を取り入れました。

3　題材指導計画

第1時①	第2時②	第3時③	第4〜6時④	第7時
中学校生活を振り返り，自分の3年間を表す主題を生み出す。鑑賞作品からどのような印象を受けるか，対話を通してイメージを共有する。	主題を基に抱く感情を，いくつかのマケットに表す。また，それぞれのマケットから受ける印象を交流する。	制作したマケットを基にマスターモデルを検討する。検討を基にマスターモデルを制作する。	マスターモデルで雌型をつくり，水性樹脂とメタルフィラーを混ぜて型に流し込む。雌型から取り外し研磨する。	表現した作品を鑑賞し，美術作品を保つ価値や作者の意図についての理解を深める。

4　授業展開モデル

①作品を鑑賞し，どのような印象を受けるか，対話を通してそれぞれのイメージを共有する
【第1時】

中学校3年間を表す複雑な感情をまとめ，主題を生み出していきました。導入では，3年間の時間の蓄積を「結晶」と呼ぶことにし，その結晶を握りしめたくなる形で表すことを確認しました。その後，形から受け取ることができる感情や印象について鑑賞を通してイメージを共有しました。自分の主題を表すためには，どのような形が最適か，アイデアスケッチに挑戦しました。

アイデアスケッチ

> **Point**
> 鑑賞作品から受けたイメージを班の中で共有することで，抽象形態から受ける印象は人によって異なることを確認する活動を取り入れました。

②中学校生活3年間で抱いた感情をいくつかのマケットに表す【第2時】

主題から生まれたアイデアスケッチを粘土を用いてマケットに表しました。いくつかのスケッチを1つにまとめて表したり，スケッチの部分を拡大して表したりするなど，できるだけたくさんつくるようにしました。

> **Point**
> いくつかマケットを制作した後に，その形からどういった印象を受けるかについて，他者の意見をもらい，形を改善する活動を行いました。

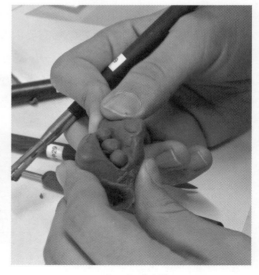

マケットづくり

③マケットを基にマスターモデルを検討し，表現する【第3時】

　ここでは，自分が表したい感情を含んだ主題を表す最適な形を生み出していきます。そのために，自己と他者が考える形から受ける印象の違いや共通することについて，対話を通して見出す活動を行いました。主題がもっとも表れている形と量感のある形の双方を意識しながら，形を調整し，マスターモデルを完成させていきました。

マケットから受ける印象をまとめている様子

T：班員それぞれの2案のマケットを鑑賞
　　して，みなさんはどんなイメージを受
　　け取りましたか？　ワークシートに書
　　いてみてください。

S1：形がとげとげしい部分があるので，
　　何かよくないことがあったのかな。

S2：ゆるやかな曲面があるので，のんび
　　りした印象を受ける。

S3：深くあいた穴が印象的。自分の心の
　　中のようにも見えました。

T：似ている形でも違うイメージでつくら
　　れたものもあれば，違う形でも同じイ
　　メージでつくられたものもあるようで
　　すね。受け取ったワークシートを参考
　　にして，自分の意図と異なる意見がな
　　ぜ生まれたのかを考えてみましょう。

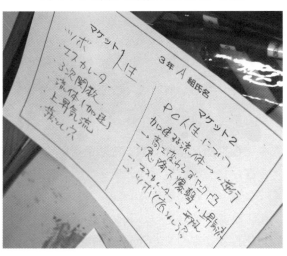

マケットの印象をまとめたワークシート

Point

仲間のマケットが，自分にはどのように見えたのか，どんな感情を抱くのかを率直にワークシートに書き出し，相手に伝えました。誰もが，その人の時間の結晶であることを理解しているため，細かな形の変化まで見てあげられるように促しました。受け取った側も，大切に見てもらえたという受け止めができるように活動を進めていきました。

④マスターモデルの雌型をつくり，水性樹脂を流し込み完成した形を研磨する【第4〜6時】

マスターモデルの型取りを行い，その型に水性樹脂（JESMONITEにメタルフィラーを混入したもの）を流し込みました。型取り自体が初めての活動であったため，複数人の班を構成し，協力しながら活動するようにしました。型取りにはアルギン酸と水を用いました。マスターモデルの雌型に水性樹脂を流し込むための湯道と空気を抜くための道をつくるため，ストローを差し込みました。

雌型からマスターモデルを取り出す

【型取り】

S1：（アルギン酸が）横から見ていてちょうどいい高さになったら教えて！

S2：もう少し，もう少し，ちょっと空気が入ったから，振動与えようよ。ゆらすよ。

S1：（型材が固まったのを確認して）きれいにカッターの刃を入れないと型合わせが難しくなるから気をつけて。

【流し込み】

S3：コップの先を折った方がいいって確認したじゃない。

S4：そうか，だから流すとき広がっちゃったのか。気をつけないと。

S3：空気が出てくる穴はふさがないようにして！

水性樹脂を流し込んでいる様子

Point

型取りや流し込み，研磨は形を生み出すために必要な工程です。他者と協力しながらその工程や結果を共有し活動を進めていきました。

9　Visual Illusions ～学校を異空間に～

題材の紹介　「学校の中に異空間をつくろう！」という学習課題を設定し取り組みました。生徒の興味・関心が高い「錯覚」を用いながら課題を解決していく授業です。

表現の中心はトリックアートの仕掛けをつくることです。校舎と仕掛けと人を組み合わせて撮影することにより，より錯覚を強調できる表現に近づけていきます。

材　料　模造紙，コンテ

道　具　カメラ

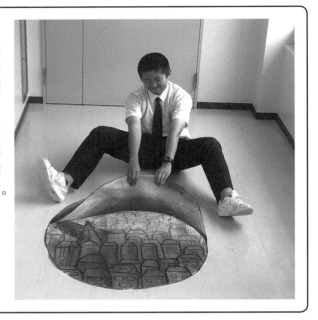

1　ねらい

校内を異空間に見せるための仕掛けを表す過程の中で，鑑賞者の視点に立ち，表す形や角度，色の濃淡などモデルとの関係を考えながら工夫して表現していく。

2　「学び合い」に向けての授業づくりのポイント

「校舎と錯覚の仕掛けと人」を組み合わせた表現を目指していく過程で，3人で1つの班を構成し，表現の調整や見え方の確認をしながら表現していきました。

3　題材指導計画

第1時	第2時①	第3・4時②	第5～7時③	第8時④
錯覚を用いた作品を鑑賞し，「学校の中に異空間をつくろう！」という学習課題から，どのような空間が考えられるか班で話し合う。	班で協働しながら，発想や構想を広げ，アイデアスケッチをして構想を練る。	現代社会で扱われている錯覚について学びながら，描く視点と錯覚を起こす視点の違いを理解し，大まかに表現していく。	錯覚を起こす視点に立ち，形や色の調整をしながら，錯覚の効果を利用して表現する。	校舎×仕掛け×人を含めた異空間に見せる撮影を行う。他の班が制作した作品を鑑賞する。

4　授業展開モデル

①班ごとに異空間に見せるアイデアを出し合いながらテーマを決める【第2時】

　「学校を異空間にできないだろうか？」で始まったこの授業では，まずどんな状況が異空間かを考えました。生徒は，「見慣れない風景になればよい」「意外なものを組み合わせてみる」

「違和感があるとよい」などと学級で共有できる視点を述べ合いました。この学習は，1人では表現できないサイズになるため，3人で1つの班構成とし活動していきました。第2時では，それぞれが考えた案をもち寄り，班としてのテーマを決め，アイデアスケッチをしました。図1は，落とし穴にしたい生徒と街並みがあったら違和感があると考えた生徒の案を組み合わせてスケッチした班のものです。仕掛けは，壁にあってもよいと考えていましたが，人と組み合わせる際に，ふたがめくれているように見える方がよいと考え，床に表現することに決定していました。

図1　アイデアスケッチ

> **Point**
> 班として異空間を感じるテーマを見出した後，イメージを共有しながら1つのアイデアスケッチにまとめる時間を設けました。

②社会で活用される錯覚について学び，描く視点と錯覚を起こす視点を確認しながら表現していく【第3・4時】

　校舎と人と組み合わせるための仕掛けはサイズが大きくなるため，1人は錯覚を起こすポイントから見て，残りの2人が調整しながら描いていく役割になります。この役割を交替しながら取り組んでいきました。

　S1：ここから見ると，もっとその線の角度を右に
　　　　傾けなきゃいけないな。
　S2：このくらい？
　S3：え！　どんな風に見えているの？（S1さん
　　　　のポイントに移動して見ている）なるほど。

描き始めの頃（相談しながら）

S2さん，もっと思いきっていいよ！

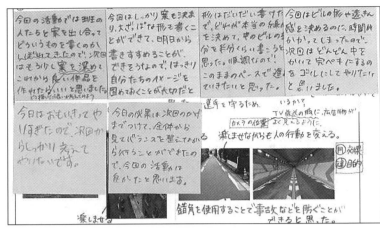

授業の振り返りを蓄積したワークシート

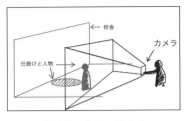

本授業の表現の捉え方

> **Point**
> 表現したい場所に貼る大きさと鑑賞者の視点を常に意識しながら活動できるよう，活動中の班員の役割を明確にして取り組めるようにしました。

③錯覚を起こす視点に立ち，形や色を調整しながら表現していく【第5〜7時】

　大まかな形を捉えた後は，細かな角度の調整と明暗の表現に取り組んでいきました。ここで重要なのは，描いている視点と錯覚を起こす距離からの視点には違いがあるということです。どう見えるのかを常に確認しながら表現していきました。

【落とし穴に挑戦している班に対して】
T：どうしたら落ちていきそうになるかな？
S1：どんどん暗くしていくといいと思います。
S2：手前から突然変化したらダメだよね。
S3：じゃあもうちょっと上の方も暗くしよう。
S4：ええ〜やりすぎだよ〜！

形や色を調整しながら表現している様子

僕たちは現在、飛んでいる紙飛行機に人がのっている錯覚をつくっている。形を決める時に苦しんだことは、斜めから見たときにどこをのばせば（広げれば）飛んでいるように見えるのかということで、手前を長くすることで段々想像していたものに近づいてきた。（かげじくの勉強のときに、かげじくは庭って、下からみるから下の長さが長い、というのを習ったので、それを活かしました。）明暗に関してはどこから光が当たっているのかで、所々の明るさが変化してくるので、光がどこから当たっているかに注目して、これから描いていきたい。

途中経過の振り返りから

Point
濃淡の調整1つとっても見え方は大きく変化します。人と組み合わせるとどう見えるのか，不足があると感じたところはどの程度表現していけばよいのかを考えていきました。

④校舎×仕掛け×人を組み合わせて異空間に見える場所から撮影する【第8時】

完成した仕掛けを配置し，班員がモデルとして参加して，錯覚を起こすポイントから撮影しました。班で話し合われていたのは，カメラの画角，モデルのポーズ，場所の検討です。構想していた場所ではないポイントからの撮影も行われました。

S1：もっと右に手をずらして！

S2：このくらい？　別のポーズの方がいいかな？

S1：落ちそうなポーズ，やってみようか。（カメラをのぞき込んで）う～ん……。

S1：別の場所で撮ってみようか。

Point
カメラをのぞいた視点でのポーズや位置の指示がとても重要な場面です。撮影したものはすぐにどのように見えているのかを確認し，校舎×仕掛け×人の関係性を見ていきました。

最適な場所とモデルの関係を探りながら撮影

10　Visual Illusions 2021 ～学校を異空間に～

題材の紹介　この題材は前項で取り上げた授業を改善したものです。コロナ禍の影響もあり，班での活動の展開の仕方や方法も見直しました。変更点は，描画材料をマスキングテープにしたところです。マスキングテープのよさは，貼り換えが可能なところで，微調整が容易にできます。また，色が豊富なことから，色分けして表現することが可能になります。それによって，授業時数の大幅な縮小につながりました。

材　料　マスキングテープ

道　具　カメラ

1　ねらい

学校を異空間に見せるための仕掛けについて，素材の特性を生かしながら構想を練り，鑑賞者の視点に立ちながら，表現を工夫して表していく。

2　「学び合い」に向けての授業づくりのポイント

3人で1つの班となり，鑑賞者の視点に常に立ち，画材の特徴である直線的な表現を活用して，錯覚の表現となる仕掛けの微調整をしながら表していきました。

3　題材指導計画

第1時	第2時①	第3時②	第4・5時③	第6時④
錯覚を用いた作品を鑑賞し，「学校の中に異空間をつくろう！」という学習課題から，どのような空間が考えられるか班で話し合う。	班で協働しながらロケハンをして発想や構想を広げ，アイデアスケッチをして構想を練る。	現代社会で扱われている錯覚について学びながら，場所にマスキングテープであたりをつけていく。	錯覚を起こす視点に立ち，線の角度や配色を工夫しながら，錯覚の効果を利用して表現する。	校舎×仕掛け×人を含めた異空間に見せる撮影を行う。他の班が制作した作品を鑑賞する。

4　授業展開モデル

①班ごとに異空間に見せるアイデアを出し合いながらテーマを決める【第2時】

　今回の素材は，学校生活の中でトリックアートを感じられるよう，常に貼り出しておける素材としてマスキングテープを利用しました。そして，生徒が登校したときや学校生活を送っているときに目にしやすい場所を選定しました。生徒は，表現した作品が生徒たちのフォトスポットになるように表現の工夫を考えていきました。

写真に描き込んだアイデアスケッチ

　Ｔ：どんな場所にしようと思いましたか？
　Ｓ１：天井に出ていくはしごをつくったら面白いと思って，一番目立つ検温場所の横の天井を考えています。
　Ｓ２：ぼくらの班は，理科室の扉にさらに扉があるようにしたら面白いと思いました。
　Ｔ：なるほど。マスキングテープを画材にするということはどんな特徴が出てきそうかな？
　Ｓ３：マスキングテープで曲線は難しそう。
　Ｓ４：たしかに。直線か〜自分たちの班のは複雑すぎるかもなあ……。

Point
　3人班での活動とし，場所や錯覚に見せるための仕掛けのアイデアは，場所と画材の特徴を生かして表現できるものとしました。

②場所の特徴を生かし，人と組み合わせられる大きさを確認して下描きをする【第3時】

　仕掛けの内容が決まり下描きをする際，予定している場所で直接マスキングテープを使って大きさや角度のあたりをつけていくようにしました。美術室にたくさん残っていた色のマスキングテープを下描き用としてあたりをつけました。

大きさの見通しをもつために
あたりをつけている様子

③錯覚を起こす視点に立ち，形や色を調整しながら表現していく【第4・5時】

　あたりをつけたところに，実際に表現する形や色を表現していきました。壁や天井，扉の色を考慮した上で，遠くからでも確認できるマスキングテープの色を選びながら表現していきました。

形や位置の確認をしている様子

　　T：どう見えている？
　　S1：手を伸ばしたときに届くように。
　　S2：はしごの長さが全然たりないよ。どっちに伸ばすの？
　　S3：どっち？　こっち？　ん？
　　S2：こっちの方！
　　S3：（撮影して）なるほどなるほど。

④校舎×仕掛け×人を組み合わせて異空間に見える場所から撮影する【第6時】

　完成した仕掛けを配置し，班員がモデルとして参加して，錯覚を起こすポイントから撮影を行いました。班の中で話し合われていたのは，カメラの画角，モデルのポーズなどです。撮影後は，相互鑑賞をして学習の振り返りをしました。毎時間の最後に記録していた次の時間の課題を全て読み返し，どういったことに課題を感じ解決してきたのかについてまとめを行いました。

Ｓ１：手の位置はもっと右！

Ｓ２：こう？

Ｓ１：まだまだ，右の方！

Ｓ３：カメラの角度変えたら？

Ｓ２：ダメだって，そうしたら
　　　仕掛けの形が変形しちゃ
　　　うから。

Ｓ３：（カメラをのぞいて）そ
　　　うか，じゃあ手の位置を
　　　変えるしかないか。

トリックアートに見えるように撮影を行っている様子

Point

撮影では，誰もが納得できる位置と角度を相談しながら表現していました。また，撮影後の振り返りの場面では，班で取り組んできたことを振り返り，互いが感じてきたことを共有しながら，まとめを記入するように促しました。

学習の経過

4月23日(金)ロケハン

同じグループの人たちと協力して主体的に授業に参加できたと思います。また、どこに錯覚をつくるかを思っていたより多く提案できたのも良かったと思います。次回は階段のアートをどのようにするかも今より具体的に班のみんなと話し合って決めていきたいです。

5月7日(金)表現する形を検討しながら

今日は実際に黒いテープで貼り始めて、前回時間をかけて丁寧に土台の枠を作った甲斐もあり、予定通りの角度で作成する事ができました。実際には歪んで見えますが、決めていたカメラの視点から見るととても上手くいっていたので、カメラの視点から指示する人は大事だと思いました。積極的に声を掛け合って、写真に書き込んだ線にできるだけ忠実になるように指示しあえたのがよかったと思います。次回は枠のなかの階段にいよいよ入るので今日よりさらに協力して取り組みたいです。

5月11日(火)形の細部に注目して

今日はほぼほぼ完成まで進められることができました。実際に枠の中の階段に取り掛かってみて、角度が絶妙に違うなど自分たちなりに細部にこだわって作ることができたと思います。あとは黒いマスキングテープで上書きするだけなので気を抜かずに次回も班の人と取り組みたいです。

階段のトリックアートの作品を作るにあたって大まかに①枠組みを作る②中の段差を作る③細かな修正（角度など）、という過程で作品を作りました。1回目の授業では作品とその場所をすぐにきめて、その後に大まかな枠組みやカメラの角度などを決めました。初めての共同作業なので緊張しましたが割とすぐに、みんなとはっきり意見を言い合えていました。黒がなかったので黄色いテープで枠の角度を決めました。これからの活動で全ての基盤となる重要な枠組みだったのでかなり慎重に取り組みました。自分は主体的に参加することはできていましたが実際に貼るよりも指示中心になってしまったので次回からはもっと貼る作業に協力したいです。2回目の授業では前回の続き＋実際に黒いテープで上から枠を貼って枠は完成しました。前回の自分の反省点だった貼る作業に参加できてないというところを意識したので今回はたくさん協力できたと思います。3回目の授業では枠が完成したので中の段差を黄色のテープで下書きすることができました。一つ段差が完成したらそのあとは予想していたよりも早く完成することができました。4回目の授業ではもう黒いテープを上書きしたら完成ということで気合を入れて取り組みました。黄色いテープをもとにやりましたが、なんか違うなと思うところは予定より少し調整して作りました。納得いく作品になったので、よかったです。

毎時の学習の振り返りから見出した題材のまとめを記したカード

11　CROSS MIND

題材の紹介　コロナ禍でも，心だけでも密接に関わっていてほしいという願いを込めて，「心を通わせられる」表現を目指した授業です。表現したものを見てくれた人にどんな想いになってほしいかを想像しながら主題を生み出し，プログラミングを用いて映像表現していく授業です。

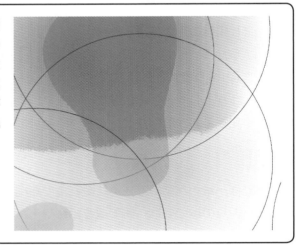

材　料　easel AP（INERTIA）

道　具　タブレット

1　ねらい

現代の社会の状況を捉え，他者が受け取るイメージを考えながら主題を生み出し，プログラミング言語の Processing(p5.js) を用いて，形や色，動きの効果を考え試行錯誤しながら表現していく。

2　「学び合い」に向けての授業づくりのポイント

技能の習得や生み出した形や色，動きが他者に与える印象を学び合いながら解決していける授業構成にしました。

3　題材指導計画

第1時①
プログラミングで表現された作品を鑑賞し，社会におけるプログラミングの役割について学ぶ。その上で，学習課題を捉え，主題を生み出す。

第2・3時②
実践的な課題に取り組み，プログラミングの基礎的な技能について学ぶ。
①プログラムの構造
②形の変更
③光の三原色と透明
④動きとスピード

第4・5時③
主題を表していくために，形・色・動き・スピードの順に思考を巡らせながら，コーディングしていく。

第6時④
完成した作品を鑑賞し，どのようなイメージをもったか互いに意見を交流する。

数学科，音楽科，技術・家庭科の学習内容については，別途各教科の時数をあてている

4　授業展開モデル

①プログラミングを用いた表現を鑑賞し，学習課題を踏まえて主題を生み出す【第1時】

　今の社会の状況を踏まえ，「心を通わせて生きていくこと」を学習課題に設定し，見た人の心を動かす表現を目指して授業を展開していきました。表現手段としてプログラミングを用い，最初にプログラミングで表現されている作品を鑑賞しました。コーディングでの表現の特徴やプログラミングと社会の結びつきについて学びを深めました。

導入時の教室の様子

　T：作品を見た人にどんな想いになってほしいですか？

　S1：終わりがなかなか見えない状況から抜け出す「希望」を見つけられるような感じ。

　S2：離れていても，また出会う。すごく癒やされたり，落ち着く。そんな感じに。

> **Point**
> プログラミングがもたらす社会の変化について意見を共有したり，身近な関わりについて学んだりしながら，美術としての関わりについて確認する時間を設けました。

②実践的な課題を通して学ぶ【第2・3時】

　教師が事前に準備したテンプレートを使って，プログラムの数値や言語を書き換えると形や色，動きが変化することを確認する時間を設けました。早く解決した生徒が全体の場でヒントを伝え，各自で解決できるようにしました。

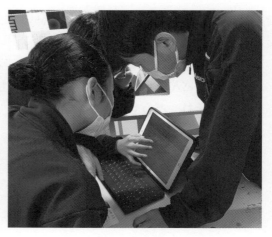
課題の解決の糸口を共有する

　T：この表現の色を変えてまったく新しい印象にしたいんだけど，どうしたらいいかな？

　S1：ここに，colorと書いてあって，あやしい！　数値を変えたら紫に変化した！

　S2：ここの3つの数値は，光の三原色の色を

示してるんじゃない？
Ｔ：そうか！　今のをヒントに数値変えてみてよ！
Ｓ３：全部の数値を255にしたら，白になった！
Ｓ１：4つ目の数値を変えたら，透明度が高くなった！
Ｔ：そうだね，この数字にはちゃんと順番があるね。どんな色の順になっているかな？　試
　　してみて！

③主題に合わせた形や色，動きなどをコーディングしながら検討する【第4・5時】

　生徒は自ら設定した主題を追求するために，イ
メージが近いテンプレートのコードを用いるなど，
書き換えたり新たに書き加えたりして解決に向け
て取り組んでいました。エラーすることも多くあ
るため，仲間同士でどのような表現をイメージし
ているかの共有をこまめに行うようにしました。

Ｓ１：なんだか違う。イメージと違う。
Ｓ２：それ，このプログラムとこのプログラム
　　　をあわせればできるんじゃない？
Ｓ１：それをどうやるのか……動きは遅い方が
　　　いいんだよね。
Ｔ：Ｓ３さん，Ｓ１さんにプログラム見せてあげて！
Ｓ１：それ，どうやってやったの？

コーディングした結果を確認している様子

④完成した作品を相互鑑賞し，どのように受け止めたのかを伝え合う【第6時】

　相互鑑賞は，体育館で大きな画面に映し出して行いました。生徒は，各自タブレットを準備し，コードも見せられるようにしました。

Point
完成作品を鑑賞し，どのようなプログラムを使っているのか想像したり，映像表現の面白さを感じ取ったりしながら，鑑賞者としてどんな感じを受けたのかを共有しました。

作品とコードを見せ合う様子

私はつくったプログラムに「光のむこう」というタイトルをつけました。コロナウイルスと戦う私たちにとって，終わりがなかなか見えない状況を暗闇で表現し，「希望」という光のトンネルへ向かっていけることを願っています。

HOPE

生徒の考えと作品のキャプチャ

※この授業は，2020年度に本校の技術・家庭科の柴田題寛教諭（現在は釧路市教育委員会），音楽科の齊藤貴文教諭，数学科の赤本純基教諭（現在は釧路市教育委員会）と協働で実施し，教科間の学びを結びつけながら展開しました。また，2021年度は，北見市立上仁頃小学校（閉校）の野尻育代教諭（現在は北見市立三輪小学校）と遠隔での合同授業で，同内容の授業に小学生との p5.js を用いた表現の学び合いを取り入れて実施しました。

校内展示をきっかけに始まる「学び合い」

1 普段の学校生活の中でできること

　授業で取り組んだ作品を校内のスペースを活用して展示するようにしています。その理由は，展示することにより，作品を介した生徒同士の学び合いが生まれるからです。

　現在勤務している学校は展示するスペースがありません。そのため，いつも目にとまる場所に工夫して展示しています。美術の先生が1人で展示するのは大変なことであり，継続するのは難しいです。ですから，時間がなくても展示できる方法を常に考えています。よく題材の終わりの相互鑑賞や振り返りの時間の最後に，生徒に展示してもらっています。

　左の写真は，本書の2章の6で紹介している「一歩を踏み出す靴」の作品を，階段のデッドスペースに即席で作成した棚やボードを取りつけて展示した様子です。あらかじめ学級ごとのスペースをつくっておき，作品の順番・設置などは生徒に任せました。そこでは，「色合いが似ているから，A君を先に置こう」「形のバランスを」や「この色いいなあ，履いてみたいなあ」「私のと似ているけど，配色が違うから随分雰囲気が変わる」といった対話が生まれます。それは，自然発生的に生まれる「学び合い」です。そうした普段の作品を介した会話が，日常の授業の対話の場面を支えていきます。

　他者の表現を肯定して思うことを伝えることが，他者に影響を与え，自分の学びを自覚することにつながります。美術の授業はわずかな時間だからこそ，日常的に表現に触れる機会をつくることを大切にしていきたいと思っています。

校内のデッドスペースを利用した展示

階段の踊り場を利用した展示

2　美術室に発想のヒントをちりばめる

①座席からどんな景色が見えると活動しやすいか考える

　少しだけ，美術室をご紹介します。教室の物品の配置は，授業によって変化させる心づもりをしておくと生徒たちの学び合いの環境を考えやすくなります。例えば，「この授業のときは，材料を取りにいきやすくするために，中央をあけて材料を置いておこう」「授業中ふと壁を見たときにヒントになりそうな資料があるといいから掲示しておこう」などです。教師の仕掛けで生徒の行動をデザインすることができます。

美術室の環境

②本や作品をいつでも見られるスペースをつくる

　授業が始まる前にここでくつろぐ生徒がいます。テーブルの上には，現在取り組んでいる授業に関わる本を置いておきます。何気なく手に取って見ていると，後からやってきた生徒が集まり始めます。そうした瞬間も学び合いなのだと感じています。このような仕掛けができる場所はないでしょうか？　掲示物１枚でも，生徒たちの考える環境は変化していきます。

美術室の一角に設置した
書籍・作品・椅子と机があるコーナー

③授業の記録を展示してみる

　これまで取り組んできた授業の場面を撮影したものや，実施してきた展覧会のフライヤーを展示しています。

　これまでどんな授業があったのか，先輩方の様子を見ることで，新たな表現のきっかけになることを期待しています。

授業の記録を展示した一角

3　学年を超えてつながること

①中学校の作品を紹介してみる

　授業で取り組んだ作品を近隣の小学校に飾ってみると，また新たな学びが生まれます。美術の授業は幼稚園や小学校での学びの蓄積が土台となっています。子どもたちの成長の過程の中に，誰かの作品を見て感想を述べたり，考えたりする時間を生み出すことはとても大切です。

　下の画像は，展示していた学年の生徒への児童の感想カードです。このカードを美術室前に掲示すると，生徒は食い入るように読み，懐かしさを感じたようでした。作品を介したやりとりの重要性を実感しました。

掲示の前で談笑する児童

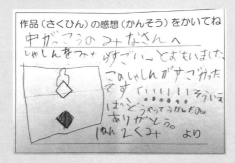
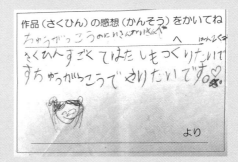

児童からもらった感想カード

　こうした展示を継続するためには，できるだけ気軽に身構え，簡単な方法で展示できるようにすることも大切です。作品を展示することがベストですが，作品の内容によっては写真を掲載したポスターでも同じような効果を得ることができました。

②小学生に意見をもらう授業に取り組み，その結果を含めて展示する

　本書の2章の12で紹介している題材「WELCOME TO WONDERLAND」の学習課題は，小学生の視点に立って考える必要がある表現でした。そのため，小学生の意見を最後に聞くことを前提にして授業を構築しました。授業の最後に，生徒が小学校を訪問し自分たちの作品を展示する活動を行いました。展示していると興味津々の児童が集まり，生徒とのやりとりが始まります。それは，作者と鑑賞者という関係性とは異なる学年を超えた学び合いの一端であったと考えています。

展示の準備中にのぞき込む児童

2章

デザインや工芸などでの
「学び合い」
題材＆授業プラン

1　新しい和の模様

題材の紹介　日本の文化を学ぶために，「模様」に着目し，「新しい和の模様」の開発を学習課題にしました。現代の日本を表すモチーフを見つけ，それを主題に表現しました。模様の構成には，容易に大きさや角度が変えられ，形のコピーができるタブレットを使用しました。その上で，多数用意した模様のパターンの中で最適な表現を見つけていくことに重点を置きました。

材　料　用紙，タンブラー

道　具　タブレット，プリンター，ラミネーター

1　ねらい

　国内外の模様の比較から，「和」の模様の特徴をつかみ，今の日本を象徴するモチーフを見つけ，形の特性を生かしながら模様を表現していく。

2　「学び合い」に向けての授業づくりのポイント

　表現の可能性を広げていくために，他者の意見を取り入れ，たくさん案を出していく過程の中で，関わりを生み出していくようにしました。

3　題材指導計画

第1時①	第2・3時②	第4・5時③	第6時④
国内外の模様を比較し「和」の特徴について考える。新しい和の模様の開発のため，現代の生活に欠かせないものや事柄から主題を見出す。	身近なものから模様の基になる形を考え，規則正しく連続したパターンの構想を練る。	アプリを使い，基になる形を複数組み合わせ，角度を変えるなどしてパターンを考える。媒体の形状を考慮し模様を選択する。	完成した模様をプリントして，媒体に入れる。その上で，最適な場所で撮影しながら，他者の作品を鑑賞する。

4 授業展開モデル

①日本の「和」のイメージを共有し，国内外の模様に着目して主題を見つける【第1時】

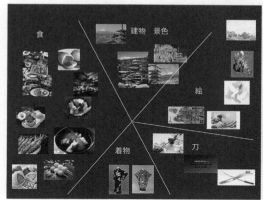 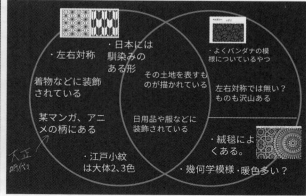

日本の模様や「和」を捉えるために使った資料

「和」から受けるイメージを共有することから始めました。日本らしいものやことを班で共有しながら案を出した後に，学習の中心となる模様をクローズアップしました。その上で，国内外の模様を比較し，日本の模様の特徴を見出していきました。日本の模様の中でも敷き詰め模様の一例として，授業では江戸小紋を扱うことにしました。

Ｔ：日本の江戸小紋にはどんな模様の特徴がありますか？
Ｓ１：もとの形は，何かモデルがあるようだけれど。なんだろこれ，Wi-Fi？
Ｓ２：いやいや，当時 Wi-Fi はないよ。これ波なんじゃないか？
Ｓ３：同じ形を繰り返しているんだ。
Ｔ：この模様は，青海波といいます。みなさんが言うように波なんだよね。

> **Point**
> 資料や意見を十分共有した上で，日本らしさや模様の特徴について自分の考えを見出していけるようにしました。

②模様の基になる形を決め，複製してパターンを生み出していく【第2・3時】

基になる形をアプリを用いて制作した後，複製して組み合わせ模様のパターンを数種類考えました。いくつか案を出した後，自分の形を用いて他者に組み合わせを考えてもらう時間をとりました。自分では思いつかない展開を知ったり，気づきが生まれたりしました。その中で見出せた構成は「移動，反転，回転」などの種類がありました。また，余白の部分を生かして新

たなパターンを見つけていきました。

> Ｔ：隣の人に，自分の形を使ってもらって模
> 様の組み合わせを考えてもらいましょう。
> Ｓ１：面白い形をつくったね。どうしようか
> な。
> Ｓ２：これは，さくらんぼの形を基にしたの。
> Ｓ１：横に並べたり，反転するのもいいけど，
> 回転させても面白いかも。

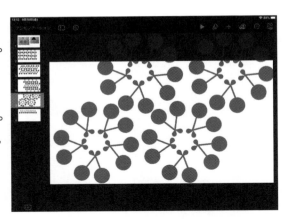

模様の展開を蓄積し，最終形を表現している

Point

自分でいくつかの組み合わせのアイデアを出した後，他者に組み合わせを考えてもらう時
間をとりました。自分の意図しない組み合わせが提案され，他の案を考える際の参考とな
りました。

③いくつか生まれたパターンの中から最適な組み合わせを選択し，模様を表現する

【第４・５時】

　模様のパターンから，タンブラーの形状を考
慮して最適なデザインを選択しました。色は日
本の色に近づけて表すことにしました。形を組
み合わせたことで生まれる余白の形にも着目し
ます。その上で，最終的な配置や色を決定しま
した。

> Ｓ１：この組み合わせが一番日本らしく感じ
> る。
> Ｔ：どうしてそう思うの？
> Ｓ１：適度に余白があって，模様がおとなし
> く見えるから。
> Ｔ：適度な余白がおとなしさを生むのかな？

模様を表現している様子

S2：おとなしさって，形の大きさも関係しているかも。

④完成した模様を用いた作品の撮影を行い，相互鑑賞をする【第6時】

完成した模様を印刷して，ラミネートをかけてから，タンブラーに入れました。その後，完成した作品をよりよく見せられる場所で撮影しながら相互鑑賞をしました。

完成した作品を相互鑑賞しながら撮影する

新しい和の模様として自分の表現を振り返る

・元々の形が分からなくならないように・崩れないようにするために角度を変えて、なるべく重なり合わないようにしました。
・角度を変えてみたり、頭に思い浮かんだものをすぐにアウトプットしてみたりしました。
・私は朱鷺色（トキ色）という色を使って模様を作りました。
・ゴールは赤色だけれども模様を作る時に私は薄い色が良かったので赤よりも薄い朱鷺色を使用しました。

過程の自己評価

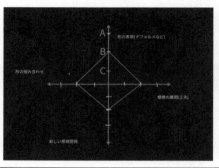

授業を終えての振り返りカード

2　フチュウブル美術館

題材の紹介　この授業は，生徒が学芸員としてグループテーマに即した作品を選定し，ミニチュア美術館で表現していきます。

そのために，アプリを使って海外の美術館や多くの作品を鑑賞していきます。

学習課題は「コントラストの世界」と設定し，学芸員として選んだコントラストが見られると考えられる複数の作品をもち寄り，班の展示室のテーマを見出しながら，表現していきます。

材　料　25分の1サイズの作品，スチレンボード，ミニチュア人形，色画用紙，折り紙

道　具　木工用ボンド，グルーガン，カッター，はさみ，定規，カッターマット，タブレット

1　ねらい

　テーマに即した展示室内を構想したり，鑑賞者の視点で見せ方の順番を考えたりして，仲間と意見を共有しながら，ミニチュアの展示室を表現していく。

2　「学び合い」に向けての授業づくりのポイント

　学芸員としてもち寄った作品から，班の展示室のテーマを見出し，そのテーマに即した展示室内を構想し，役割分担をしながらミニチュアの美術館を表現していけるようにしました。

3　題材指導計画

第1時①	第2時②	第3時③	第4〜7時④	第8時
学芸員の海外研修をアプリを使って行い，美術館の特徴を探る。学習課題の「コントラスト」について鑑賞しながら学ぶ。	個人で作品を選定し，班でもち寄り展示テーマを設定する。	展示室内の間取りや作品を見せる順番，鑑賞者の導線，壁や床の色や素材などについて検討する。	班の構想を確定させ，ミニチュアの展示室内を表現する。	ミニチュアの人形を使って展示室内を撮影し，自分の班の展示について仲間と共有しながら，他の展示を鑑賞する。

4　授業展開モデル

①アプリを用いて海外の美術館を鑑賞する海外研修をする【第1時】

Google Arts & Culture を用いて，海外の museum を訪問し，日本と異なる部分に着目しながら，見せ方の工夫などについて資料にまとめました。スライドの共同編集機能を用いて，班の仲間が訪問して見つけた視点を共有しました。

海外研修の結果を交流する（スライド上）

> T：あなたが訪問した美術館はどんなところでしたか？
>
> S1：壁の色が派手で，いろんな色が使われていました。
>
> S2：誰かのお屋敷みたいなところに作品が密集して展示されていた。

Point

それぞれがアプリで美術館を訪問して感じたことを，共通のスライドにメモしていき，班で国や美術館の特色によって異なることを共有しました。

②選定した作品をもち寄り，共通点や相違点を見つけながらテーマを見出す【第2時】

教師が事前に選んだ60点の図録の中から，学芸員としてコントラストの視点で取り上げたい作品を選びます。その後，班でもち寄り，全ての作品の共通点や相違点を見出しながら展示のテーマを設定しました。

選んだ作品をもち寄りテーマを相談する

> S1：寒色と暖色で作品を選んだよ。
>
> S2：背景の遠い近いで選んだよ。
>
> S3：これ，どうして遠いに入れたの？
>
> S2：背景がないと距離感がわからないと思って。
>
> S3：私はこれ。共通点あるかな？
>
> S2：どの作品にも中心になる主人公とかいるような気がする。

S4：なるほどね。相違点だと，背景に自然のものがあったり，全くなかったりする。

S2：人だったら目線とかあるけど，これ人じゃないしね。なんだろう，テーマ「中心」？

S1：様々な中心？　中央？

> **Point**
> 班の展示室のテーマを考えていくときに，分析的な視点で作品を鑑賞するために，学習課題「コントラスト」を設定しました。共通点と相違点を作品の中に見出し，班独自のテーマを決めます。

③テーマと作品に即した展示室内の構想を練る【第3時】

　各班で設定したテーマを伝えられる展示室内の構想では，入口から出口までの経路や作品の順番，壁の位置，壁面の色，床材などを検討しました。例えば，壁面の色の選択の際，作品がもっとも映える色とし，1作品では成立するが2作品では成立しないなど，解決すべき課題がたくさん出てきますが，その都度班で相談して解決していきました。

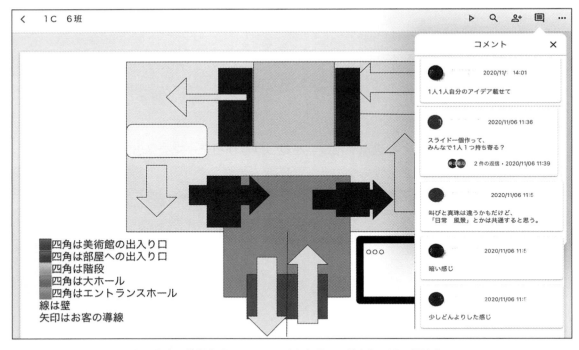

展示室内の構想を Google スライドを用いて共有し，班で相談する

T：壁の色どうする？

S１：おれ的には，対照的な色がいいと思った。

S２：第３候補の色も結構合いそう。

S３：じゃあ緑にしよう。

S４：額縁をつけてもいいね。

Point
展示室の検討事項は多岐にわたり，それぞれが関連しています。他者と意見を交流しなければ表現できない学習課題を設定することが大切です。

④ミニチュアの展示室内を表現していく【第４〜７時】

　スチレンボードで展示室内を制作するために必要な床や壁を切り出し，接着していきました。そして，25分の１サイズで準備した作品を用いて，構想で決めた壁色は色画用紙を用い，床はタブレットから印刷したものを切り貼りして表現していきました。作品を貼りつける高さなどの基準は，最終的に撮影に用いるミニチュア人形を用いて決定しました。配置や細部の決定すべきことは仲間と意見を共有しながら活動します。

展示室を組み立てている様子

◆館内の様子　雰囲気のある作品を集めたのでそれに合うようにシンプルな印象を与える壁になりました。設計は全ての作品が見られるようにして，木や自販機，ベンチといった細かな設備も整えたので様々な年齢層の人が来ることができます。

展示室内の様子をまとめる

Point
構想段階で生まれたアイデアの実現のために，工夫して表していくことになりますが，限られた時間の中でどのように実現していくかについて検討することも重要な学び合いです。

3　Moment by Moment

題材の紹介　古くからフィンランドに伝わる伝統的な装飾品であるヒンメリを扱いました。

1本の糸によって組み上げた正八面体を基本とした，幾何学的な形態を組み合わせた立体表現です。

他者と協力しながら，空間を飾るものという，1人ではつくりだすことのできない大きな空間を彩る表現に挑戦しました。

構成の視点をもち，光と影，風による回転も意識しながら表しました。

材　料　麦わらストロー，糸

道　具　針

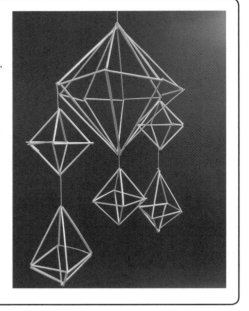

1　ねらい

　大きさや比率を変えることで形が変化する線材を用いた立体表現から，バランスや空間を意識して構想を他者と練り合い，より美しい空間づくりを目指して表現を工夫する。

2　「学び合い」に向けての授業づくりのポイント

　上部1点で吊るす回転軸のあるモビールとするため，異なる形態のヒンメリを，どのように組み合わせて表現していくことが空間を彩る表現につながるかを考えていきました。

3　題材指導計画

第1時①	第2・3時②	第4・5時③	第6時④
フィンランドの文化とヒンメリについて学ぶ。ヒンメリの基本的な正八面体の構造について理解し，形に表す。	大きさや長さの比率が異なる形態を考え，いくつもの形を組み合わせながら表現する。構成美の要素に着目してバランスのよい形を考え表す。	それぞれが表現した形をもち寄り，組み合わせのバランスを見ながら組み換え，つけたし，ライティングで生まれる影に着目して再構成していく。	完成した作品を一度にライティングし，作品を鑑賞する。

4 授業展開モデル

①フィンランドの文化とヒンメリについて学び，基本構造を試作する【第1時】

導入では，北海道のヒンメリ作家さんの言葉やヒンメリを通して祈る人々の想いについて知り，農産物からつくられるものが様々な地域で根づいていることを学びました。そして，基本的なヒンメリの構造である正八面体から試作していきました。

> **Point**
> 様々なヒンメリ作品やそれに込められた人々の想いを学び，自分だったらどのような想いを込めるか，仲間と共有をしながら活動していきました。

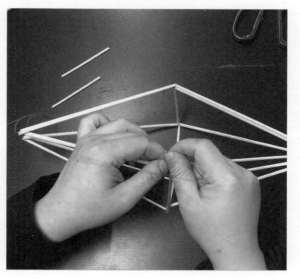

基本形から工夫した形をつくっている様子

②基本構造の比率を変えながら形のバリエーションを増やし，工夫して表現する【第2・3時】

基本形態の長さの比率を変えたり，組み合わせ方を工夫したりすることによって変化する形の見え方を仲間と話しながら，いくつかのアイデアを出して表現しました。

T：この長さを変えるとどんな見え方になるかな？

S1：安定感が出るかも。でも，逆さまに使うのもいいと思う。

S2：大きいサイズのものをつくって，その中に入れてみても面白い。

S3：吊るす糸の長さを変えても見え方が変わるね。

S4：左右対称でなくてもいいね。

大きさの違うヒンメリを組み合わせてみる

他者の形の組み合わせを参考にしながら，最適な表現に近づけていくために，対話を重ねていきました。

③個人の作品をもち寄り，班で構成を考えながら複合的な表現に挑戦する【第4・5時】

　個人で表現した形や組み合わせをもち寄り，班員（3人）の作品を組み合わせた複合的な表現で，スケール感のある空間表現を通して学ぶ時間を設けました。この時間では，ヒンメリ同士の大きさや比率を考慮したバランスのよい配置の仕方と，ヒンメリが回転することで生み出される影の変遷に着目しながら，形の組み合わせを考えていきました。

互いの作品をどう組み合わせるか相談する

　　T：映し出された影とヒンメリの見え方は違
　　　　うかな？
　　S1：いろいろな形が見える。
　　S2：形が重なって見えているのが面白い。
　　T：どうしてそう見えるんだろう？
　　S3：光が2箇所からあたっているからかな。
　　S4：実物はシンプルだけど，影の形で複雑
　　　　に見える。
　〜中略〜
　　T：どのような位置や形の組み合わせで刻々
　　　　と変化する様子を楽しめそうですか？
　　S1：あまり1つの形が複雑だと映し出され
　　　　る影がごちゃごちゃしてしまいそう。
　　S2：べつに左右対称にしなくても，バラン
　　　　スが整っていたらきれいだと思う。

実際に組み合わせてバランスや量感を確認する

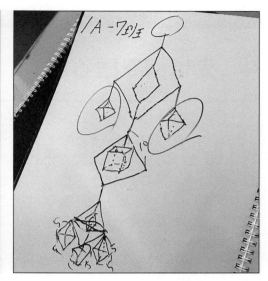

この作品は、上の三角形でできている。ヒンメリの
周りの3つの八面体の高さを、すべて変えることで
どの角度から見ても立体的に見ることができます。
上の大きいヒンメリの中に、少し小さいヒンメリをもう一つ
入れました。

その下のヒンメリは、シンプルに、1つだけ小さいヒンメリを
入れることで、上のヒンメリや、下のヒンメリを
目立たせることが、できます。

そしてその下のヒンメリは、3つ並んで構成されており
立体に感じるところが、あったり、一直線な立体に
見ることもできます。

私たちA-7班は、こういうところを意識しながら組み立て
ました。

ホワイトボードで共有した班の意見

Point
ホワイトボードにそれぞれがつくった形を描き込み，全体のバランスを確認したり，実際
に吊り下げて互いに確認したりしながら，空間の美しさについて相談しました。

④完成した作品をライティングし，作品を鑑賞する【第6時】

各班で完成させた作品を並べて天井
から吊るし，一斉にライティングして
鑑賞しました。ヒンメリは回転するよ
うにしておき，隣り合う作品同士の影
が映し出される光景にも着目しながら，
感想を述べ合いました。

各班の表現を相互鑑賞している様子

Point
全ての班の完成作品をもち寄り，
ライティングすることで見えてく
る形と光と影から，感じ取ったこ
とを共有し新たな見方に触れる活
動を取り入れました。

4　海は何を語るか

題材の紹介　学校の近くにある訪問することの少ない海岸から授業を始めました。そこには，雄大な自然と，人間によって生み出された漂着物によって汚れてしまった砂浜が広がっていました。生徒はその場所から感じ取ったことを基に主題を生み出しました。多くの人々をターゲットにして，伝えたいことをポスターにまとめ，表現していく授業です。

材　料　絵の具，撮影した写真，ケント紙

道　具　のり，はさみ，デザインカッター，カッティングマシン

1　ねらい

　岩見浜（釧路の海岸）から感じたことや考えたことを基に，広く人々に伝えたい想いから主題を生み出し，構想で様々な表現方法や素材を検討し，表現する。

2　「学び合い」に向けての授業づくりのポイント

　仲間と同じ場所に立ち，美しさも醜さも共有した上で，伝えたいメッセージを考えたり，表現したりしていく過程で，伝えたいメッセージの表現になっているか他者の意見を聞き検討する場面を設けました。

3　題材指導計画

第1時①	第2時②	第3時③	第4・5時④	第6時
岩見浜を訪れ，景色を味わい，自然のよさやその場所の特徴を捉えながら調査活動を行う。	岩見浜を訪問して感じ取ったことを仲間と共有しながら，伝えたいことをまとめ，構想を練る。	いくつかのアイデアスケッチの中から，他者にどのように伝わるのかを考えてもっとも伝わるものを選び，表現に結びつけていく。	全体のバランスや色や形が人に与える印象を考えながら，配置などを検討し表現していく。	校内展示や校外展示で他者の表現に触れ，メッセージの表現で工夫したことに着目して鑑賞する。

4　授業展開モデル

①海辺を歩き，土地の様子や環境に触れ，資料を集める【第1時】

　授業の学習課題となる「海」へ出向き，その場所から感じ取れることを個人の主題に設定することにしました。表現に使う資料を撮影したり，触れたり，拾ったりしながら素材を蓄積しました。調査の時間では，自分が気になる場所を見たり，仲間が気になった場所に行って話をしたりしながら，気づかなかった情景を目に焼きつけるように過ごしていました。

導入で訪れた岩見浜の様子

　Ｔ：さあ，この丘を越えると海だよ。

　Ｓ１：わぁ～，波の音が聞こえる。

　Ｓ２：海のにおいがすごい！

（海辺が見える場所にきて）

　Ｓ３：なにこれ，どうしてこんなにゴミがあるの？　汚い！

　Ｓ４：なんだか，足元のゴミと岩場の差がはげしすぎる。

　Ｓ１：海外の漂着物もすごい。

　Ｓ５：岩が波に削られて，不思議な形になっているよ。

Point
場所から主題を生み出していくため，その場での第一印象を十分に語らせることを大切にしました。生徒が気づかないよさに着目させられるよう心がけました。

②どんな海だったかを振り返りながら構想する【第2時】

　海に行って感じたことを学級全体で共有しました。生徒は，砂浜の汚さや落ちていたゴミから，人間の行為の愚かさを感じ，地層からは，長い歴史によってつくられた地形，岩見浜という場所の特異性について感じ取っていました。それを基に伝えたいメッセージの構想を練りました。

海は何を語るか

●岩見浜を訪問して，みなさんが考えたことはどんなことでしたか？

海はやっぱりきれいだったけど，一言でいうと「悲しい」と感じた。罪悪感もあった。あの浜だけでもあれだけのゴミが流れついているということは，海の中にもまだまだ膨大な数のゴミが流れていると思うから，景観破壊ももちろんそうだけれど，自然の動物たちが人間によって受ける影響ははかりしれないのではないかと考えた。また，赤潮の被害はいまだ完全になくなることはないと知って，自然環境に悪影響を及ぼすことを一度起こしてしまったら，完全にもとの状態を取り戻すことは難しいのではないかと感じた。海はきれいであり，生命を象徴するもののようなイメージがあるが，自分たちがそこから離してしまっている現状があったから悲しいと思った。

図1　自分の意見をまとめる

Ｔ：岩見浜に行ってみてどうでしたか？

Ｓ１：すごい汚かった。ゴミと昆布がとてもたまっていて，予想していた海と違っていた。

Ｓ２：海外のゴミもたくさんあったよね。

Ｓ３：岩場が光にあたってとてもきれいな色だった。海岸とは思えなかった。

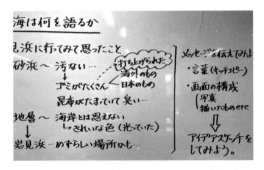

図２　それぞれが感じたことをまとめた板書

Point
自分の意見（図１）をもった上で，仲間と意見を共有できるようにしました（図２）。そうすることで，他者の意見への同調や新たな気づきが明確になっていきます。

③生徒が自ら設定したメッセージ（主題）に合う構想をアイデアスケッチにまとめる

【第３時】

主題を追求する過程で，構図によって他者に与える印象が異なることから，いくつかのアイデアスケッチにまとめました。その後，班でどの構図案がよりよいかについて相談する時間をとりました。図３は，４つの案を考えた上で仲間の意見を集約して，もっとも伝わるものを設定する過程を残したクロッキー帳です。

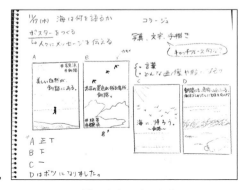

図３　構図案をいくつか考える

Ｔ：他者の構想案から，どのような印象を受けるか，コメントしてみましょう。

Ｓ１：キャッチコピーと絵の印象が合っていないよ。

Ｓ２：ハッシュタグをつけて表すと大事なことが一目でわかるかな？

Ｓ３：人と自然の存在の両方がわかる方が，キャッチコピーと合っていると思う。

Ｓ４：どの案がよいか簡単に多数決をとってみてもいい？

Point
情報の伝達には他者の役割が不可欠です。どのような印象を受けるのかを的確に作者に伝えることは，自分の見方を広げていくためにも大切な過程です。

④画面上の配置を何度も確認し，バランスを考慮しながら画面を構成していく【第４・５時】

　表現では，素材として自らが撮影してきた写真を印刷したものや採取してきたものを使いました。そこに描画したものを組み合わせて画面を構成していきました。コラージュの要素が強く表れるため，素材の配置や描画の色の強さなど，受け取る印象を常に班員に確認してもらいながら表現していきました。

表現をしている様子

Point
主題の内容と構想段階を知っている他者は，表現場面ではよき相談相手となります。簡単に肯定するのではなく，どう伝わってくるのかを基にした意見を真摯に述べていきます。それは，表現活動を支える「学び合い」の姿といえます。

〈振り返り〉

１．岩見浜に行って，今の海がどれだけ汚くなっているのかすごく実感しました。海の波によって流れてきて腐った昆布の匂いやたくさんのゴミがあって今の海は汚れてしまっていると感じました。大きな崖が川によって削られてできた歴史ある地層であることに感心しました。

２．岩見浜に行ったときに撮った空の写真と海の写真を見てどれだけ海が汚いのかが色の対比ですごく感じました。私は前の単元のテーマで「海の豊かさを守ろう」と題し，海をきれいにしようということを伝えるためこのようなテーマにして取り組んでいたので，もっと世の中に伝えられるようにと岩見浜を例にしてたくさんの人に汚い海の現状を知ってもらうためにも空の写真と海の写真を使って色の対比で海の汚さを表現しようと思いました。

３．アイデアスケッチ

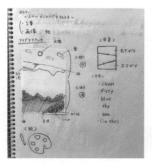

４．コラージュしながら表現活動を行なっていく上で，ただただ空の写真と海の写真を貼り付けるのは面白くないなと自分の中で感じたので，まず見る人に情景を感じ取ってもらうため紙を縦に使って上に空を下に海を貼ろうと思いました。またポスターを強調できるようにポスターの端を少しあげて作成しました。次に空の色と海の色が明らかに違うことを示すために空と海が切り離されたかのように表したかったので自分の手で写真を破ってみました。また，これには海を汚したのは私たち人間であることを自分の手で破ったことで表現したいと思って行いました。文字はポスターの真ん中に置いて人の目につきやすいようにしました。文字でも空のきれいな青と海の汚い青を表現したかったのでたくさんの人に知ってもらうために英語で，

CLEAN

　　　BLUE

　　　　　DIRTY　とこのように表現してみました。

CLEANという文字にはきれいな青色を使いたかったのでそのまま空の写真を使って表現しました。DIRTYという文字には汚い青色を使いたかったので海の写真を使った方が伝わるのではないかと思い，海の写真を使って表現しました。絵は今回のポスターの中で"色"を中心的に考えて作成してきたので色を表すようなものにしようと考え，パレットと筆，絵の具のチューブを採用しました。絵の具のチューブの色は空の色と海の色としてそれぞれの写真を使って表現しました。パレットの上にはその絵の具をのせたように表すため空の写真と海の写真を絵の具のように切り取って貼り付けてみました。絵も強調されるように黒いペンで枠を描いてみました。他の場所はあまり目立たないように黒色のみを使って描きました。筆はど真ん中にあるけれど今回伝えたいことよりも目立たないように黒色だけを使って表しました。また筆でBLUEという文字を描いたように見せるため，まず下に水彩色鉛筆で水色と青色を使って前にやった学習を生かして利用しあたかも筆で描かれたかのように表現しました。その後上から"色"を基調としてきたので目立つようにプロッキーで描こうと思いましたが，プロッキーよりもポスカの方が色も濃くて筆で描いたかのように見せられるし太く目立たせて描けるので，ポスカの方がいいなと感じポスカでBLUEという文字を描きました。

５．一連の経過を振り返ってみて岩見浜で感じたこと，帰ってきて撮った写真をもう一度見返してみて感じたこと，コラージュしながら表現活動をするにあたって感じたこと，たくさんあったと思います。今回の授業では感じたことも多く，また学んだことも多かったと思います。実際に岩見浜へ行って学んだ海の現状，アイデアスケッチを考える過程でどう表現すれば自分の伝えたいことがより伝わりやすくなるか，コラージュしながら表現活動をしていてどうすればもっとよりよいポスターになるのか考えたこと，いろんな学びがあったと思います。今回の単元で習ったことをこれからの学習で生かしていけたらいいなと思いました。

生徒の振り返り

5　Cool！　わたしのアイコン

> 題材の紹介　この授業は，光の効果やアングルなどの造形的な視点の理解と自己理解，そして現代における表現ツールとしての写真の役割などを総合的に考えていくために設定しました。表現した写真は，各自のタブレットの設定アイコンとして使用していくこととして取り組みました。
>
> 材　料　撮影に使えそうな小道具（カラーセロファン，鏡，個人で用意した素材　など）
>
> 道　具　タブレット，懐中電灯　など

1　ねらい

　様々な光の効果やアングル，小道具の使用などで様々な姿を撮影することを通して，被写体の印象や特徴が変化することを感じ取り，全体のイメージで捉えながら，鑑賞し表現していく。

2　「学び合い」に向けての授業づくりのポイント

　教室内に様々な光で撮影できる場所をつくり，使用する小道具や撮影の角度を工夫できるような環境を準備し，生徒同士が関われる授業の流れをつくるようにしました。

3　題材指導計画

第1時①	第2時②	第3時③	第4時④
光の違いやアングルによって表現を変えることができる，アイコンに設定する写真というポートレートの要素について考える。	試行しながら主題を生み出し，その表現を追求していくためにはどのような工夫が必要か見出していく。	撮影の工夫によって見え方がどのように変化するかについて，仲間に意見をもらいながら撮影を進めていく。	撮影した多くの写真から選択する際に，仲間から意見をもらう。使用する写真を決め，アイコンに加工していく。

4　授業展開モデル

①光の違いや小道具を試しながらポートレートの在り方を考える【第1時】

　意図的な撮影を理解していくため，異なる光や小道具を用いて試行しながら，本題材のねらいを学ぶ時間を導入に設けました。光の違いを明確に実感させるため，美術室内に光が異なるスペースを用意して，全てのスポットで撮影を試みました。また，使えそうな小道具を試し，主題を表すために使ってみたい道具や撮影場所の構想を練りました。

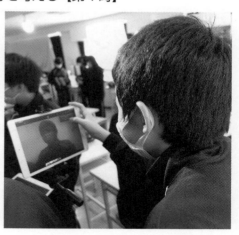

タブレットのインカメラで
様々な光や小道具を使って撮影を試みる

T：スナップ写真とポートレートの違いはどんなところでしょうか？

S1：人数の違いとか，ポーズ？

S2：それ用に撮っているか？　の違い。

S3：ねらって撮っているかだと思う。

S4：スナップは気軽な感じかな。

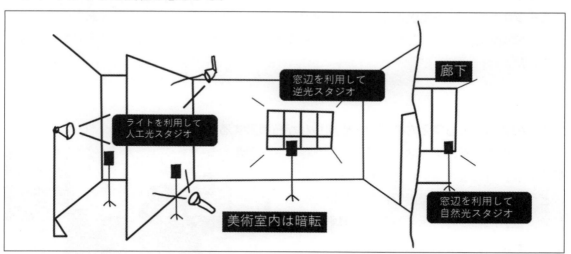

光の質が異なる環境を準備する（実際の美術室の配置）

Point

鑑賞作品から，写真にも多様な表現があることを確認し，ポートレートとはどういった表現であるか，考えを共有していく活動を取り入れました。

②試行しながら主題を生み出し，追求するためのアイデアを考える【第2時】

　撮影しながら，アイコンに使用するポートレートとしてどのような表現を目指したいかという主題を見出していきました。大きく3つの要素で検討しました。

①光の様子はどうすべきか

②小道具は何を使うか

③最適なカメラのアングル

　これについて仲間と協力しながら撮影を進めました。

あたる光の様子を確認している

　　Ｓ１：顔の角度どうしようかな。

　　Ｓ２：シルエットになるから，横顔が見えた方がいいよ。

　　Ｓ３：はい！　こっち見てください。もう少しこっち！

　　Ｓ２：カメラは光に正対してないと逆光に撮れないね。

> **Point**
> セルフポートレートで表現する過程の中で，どのようなアングルだと最適な表現になるか，他者に撮影してもらったり，どのように見えるのか共有したりしながらアイデアを創出しました。

③工夫の違いによる見え方の違いを確認しながら撮影する【第3時】

　自分で撮影する過程では，前時の工夫を基に最終的な表現の場を選択して撮影しました。

　どうしても自分では撮影できない生徒もいるため，他者に細かな指示を伝えて，撮影してもらってもよいことにしました。

　撮影したものは，同じ光源で撮影している生徒と共有し，別のアングルをアドバイスしてもらうなどして，表現していきました。

アングルを相談している

④撮影した作品に対して仲間から意見をもらい，アイコンに加工する【第4時】

前時で撮影した写真の中から数点選び，アンケート機能を用いて，他者の意見も聞きながら，アイコンにふさわしい表現を選んでいきました（図1）。アイコンは他者から見られることも多いアイテムのため，自分の見方だけでなく，他者の意見はとても重要です。最終的には他者の意見を踏まえた上で，撮影で行ってきた工夫による効果を確認しながら，生徒自身の考えで決定していきました。

図1　迷っている作品について，
　　　アンケートを作成して意見を集める

理由
まず，顔，手，トマトの全てが写っており，バランスがよく，さらに浮いているトマトがブレておらず，本当に浮かせているかのような写真になっているからです。そして白黒にすることで，景色以外が黒くなり，逆に景色は白くなっており，コントラストも出ていて，逆光で撮っているというのがより伝わるようになって，雰囲気が出ているから，この写真を選びました。

実際のアイコンと表現したものを振り返る

6　一歩を踏み出す靴

題材の紹介　自分の夢や挑戦したいことに一歩踏み出す勇気を与えてくれる靴のデザインを考えます。靴の構造や素材についての理解を深めながら，完成した後に自分で履くことができる靴を目指しました。

材　料　段ボール，クラフト紙，紙紐，アクリルガッシュ

道　具　ボンド，グルーガン，鑑賞作品（先生方の靴，靴職人の映像）

1　ねらい

暮らしに密接に関わり，場面に応じて履き替える靴の役割を，使う場面の目的を想定しながら，靴の構造的な理解と紙の特性を生かし，表現の構想を練りながら表していく。

2　「学び合い」に向けての授業づくりのポイント

条件に合う靴のデザインの検討場面，制作の手順の確認や材料の特性を捉える場面において，他者と意見を共有しながら取り組めるように設定しました。

3　題材指導計画

第1時①	第2時②	第3時③	第4〜7時④	第8時
様々な靴を鑑賞し，靴の成り立ちや役割について交流する。また，靴職人の考えに触れ，人と靴の関わりについて考える。	使用する素材の加工や着色に関わる実験を行い，表現の参考になる資料を蓄積する。自分の一歩を支える靴のデザインを考える。	型紙を活用しながら，自分が考えたデザインにアレンジして，素材を準備する。	形の調整や配色を考えながら着色し，パーツを組み立て形づくりをする。	完成した作品を鑑賞し，それぞれがどのような想いで表現してきたかを知る。

4 授業展開モデル

①靴の鑑賞と靴職人へのインタビューから自分が履いていたい靴を想像する【第1時】

　先生方に協力してもらい，多様なデザインの靴を集めて鑑賞しました。その中で，人と靴の関わりについて考えていきます。実際にインタビューをした靴職人が靴をつくるときの気持ちを述べている映像を見ながら，創り手と履く側の両方の視点から題材について捉え，未来の自分が履いていたい靴の主題を考えていきました。

靴のデザインから役割を考えている場面

　T：靴は自分で選びますか？（8割方自分で選ん
　　　でいる）選ぶときのポイントは？

　S1：サイズが合うものを。

　S2：かっこいいデザインのものを選びます。好
　　　きな色もあるし。

　S3：気持ちを変えたいときに買います。季節の
　　　変わり目とか。

　T：みんなもS3さんのような気持ちわかります
　　　か？（うなずく生徒）今回は，将来の自分に
　　　履いていてもらいたい靴を考えて表現してみ
　　　ましょうか。

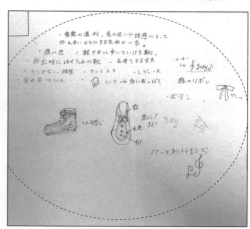
想いとデザインの構想

> **Point**
> 暮らしの中で，誰もが目的に合わせて履き替えた経験のある「靴」を取り上げることで，生活経験で知っていることや気をつけていることを共有し，デザインの役割について考える時間をとり，表現の過程につなげていきました。

②使用する素材の加工や着色に関わる実験を行い，デザインを考える【第2時】

　段ボールや紙素材の特徴や加工と着色の効果を確認するために，素材の実験を行いました。着色は様々な素材を使うことが可能なため，発色の違いや質感の違いなどの工夫を蓄積していきました。そして，その蓄積した資料を他者と共有し，主題に合う色や質感を見つけるためのヒントにしました。

T：段ボールの着色は，普段の用紙とはやり方が少し異
　　なります。想定している色の感じなどがあるでしょ
　　うから，実験してみましょう。

S1：色づけに使える道具は何ですか？

T：どんなのが考えられますか？

S（学級の声）：絵の具！　マジック！　クレヨン！

T：どれでもいけそうですね。どんな感じになるかな？

（作業中）

S2：光沢を出したいときはどうしましょう？

T：光沢が出せそうなものはあるかな？

S2：ニスをかけてみたらどうでしょう？

T：やってみて！（他の表現を見て）ここにヤスリをかけてる人がいるよ！　見て！

実験結果を蓄積する

Point
履くことを想定して，丈夫な片面段ボールを使用することにしました。自分の考えた色彩
の感じや形の操作の面で，実感的な理解をした上で計画を立てられるよう，素材の実験の
場面を設けました。

③型紙を活用しながら，自分のデザインにアレンジし素材を切り出す【第3時】

　靴のデザインによって異なる型紙をいくつ
か用意し，自分の表現したいデザインにアレ
ンジしながら型紙を作製し，素材を切り出し
ます。素材は班員と共有し，相談しながら切
り出していきました。

Point
段ボールの構造を理解し，自分の表現し
たい靴のパーツにはどのような切り出し
方が最適であるか，他者に相談しながら
準備を進めていきました。

オリジナルの型紙を使い段ボールを切り出している様子

④形や色を調整しながら組み立てていく【第4～7時】

　デザインしたい形を組み立てていくとき，靴の
パーツの重なりや組み立て方については，授業の
導入で確認したことを常に振り返りながら表現し
ました。

　1つとして同じデザインがないため，自分の考
えを他者と共有しながら進めていくようにしまし
た。

　表現の場面では，着色と組み立ての制作手順は
それぞれで立案し進めました。特に素材同士を接
着するための方法で苦慮する生徒が多くいました。
最終的には「履く」ことを想定していたため，実
際の靴と同じような構造にしていく必要があり，
形を表現することとあわせて考えていく必要があ
りました。

見本の靴で構造を確認している様子

Point
　靴の構造は，表現していく中で何度も確認することができるように，一箇所にモデルを掲
　示しました。そうすることで，「見たい」「確認したい」と思う生徒が集まり，その場で相
　談しながら見ることができました。

着色して組み立てる

完成した作品を履いてみる

7　メッセージを持ち歩こう

題材の紹介　未だ解決していない社会問題に着目させ，SDGs と関連させながら課題を見出しました。その上で社会全体に向けて伝えたいことを，主題となるメッセージとしてロゴマークで表現してエコバッグに印刷し，持ち歩くことによってメッセージを伝える授業としました。

材　料　シルクスクリーン（パールフィルム，インク），トレーシングペーパー，エコバッグ，インク

道　具　露光機，スキージ

1　ねらい

　人々に伝えたいメッセージを，形や色彩の組み合わせに意味をもたせながら，ロゴマークとして構想する。また，他者が受け取る印象を考えながら表現を工夫して表す活動の中で，生活をより豊かにするデザインの役割について考える。

2　「学び合い」に向けての授業づくりのポイント

　エコバッグを持ち歩いてメッセージを伝えるために，メッセージの内容の在り方や構図，面の表現などについて班で意見を話し合いながら活動できるようにしました。

3　題材指導計画

第1時①	第2時②	第3・4時③	第5・6時④	第7時
自分が怒りを感じている解決していない社会問題とSDGsを関連づけて，主題を考える。	自分の怒りを他者に伝えるため，人々の行動に訴えかけるプラスのメッセージに変換し，図案を考える。	誰にでも伝わりやすい図案を検討する。シルクスクリーンで表現するために色数分の版下をつくり，露光する。	エコバッグの色合いを踏まえてインクの色を調整しながら，シルクスクリーンを印刷する。	学習の振り返りを兼ねて，完成した作品の撮影と紹介パネルをつくり，他者の考えに触れる。

4　授業展開モデル

①社会問題に対する自分の怒りと SDGs との関連を探り，主題を見出す【第 1 時】

　未だ解決できていない社会問題に目を向けて，自分の興味・関心のある問題を書き出していきました。また，その問題はどのような要因によって引き起こされているのか，SDGs で示されている目標に含まれている内容との関連について調べました。

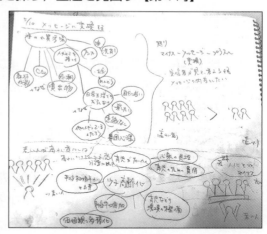

怒りを感じる社会問題の関係性を探る

　T：今回は，みなさんの社会に対しての怒りを
　　　授業のテーマにしてみようか。どんなこと
　　　に怒っていますか？
　S1：人種差別が未だなくならないこと。
　S2：絶滅危惧種を国外に持ち出して生態系が崩れていること。
　S3：地球の環境が悪くなっていること。
　T：隣の人はどんなことに怒っているか聞いてみましょう。

Point

取り上げたい社会問題について調査し資料を集めていく過程で，他者とどのような考えをもっているのかを共有しながら活動しました。

---

②怒りをプラスのメッセージに変換し図案を考える【第 2 時】

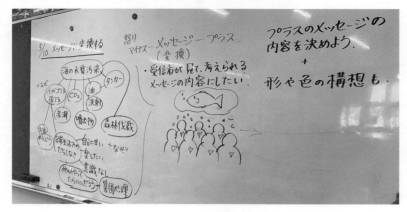

意見交流場面での板書

怒りをそのままメッセージにするのではなく，プラスのメッセージに変換しました。メッセージを見てくれた人の行動が変容するようにしていきたいという題材の方向性を確認し，いくつかの問題を取り上げ，その因果関係や，どのようなメッセージがよいのかについて学級で意見を共有する時間を設けました。

　　T：S１さんが取り上げた問題は何ですか？
　　S１：海の水質汚染について考えました。
　　T：どうして水質汚染は広がるのでしょうか？
　　S２：ゴミや工場から流れ出る排水によって……。
　　S３：人間の問題だよね。
　　S４：森林伐採も影響しているって聞いたよ。
　　T：森林伐採を取り上げた人はいますか？（S５さんが挙手）この２人の問題はつながっているんだね。人がどのような行動をとったら，それは解決するのかな？

Point
　生徒が考える問題が互いに関連し合っていることを，全体共有の場で意見を出し合いながら確認し，自己の問題の根本を探っていく時間をとりました。

③図案を検討して，版下をつくり露光する【第３・４時】

　生徒それぞれが，多くの人々に伝えたいプラスのメッセージ（主題）を設定した後，それを伝えるための図案を考えました。エコバッグに印刷して伝えるため「遠くからでもわかるようなデザインであるべき」「はっきりとした色合い」「形の単純化」などが重要であることを確認した上で，他者に見てもらいアドバイスを受ける場面をつくりました。

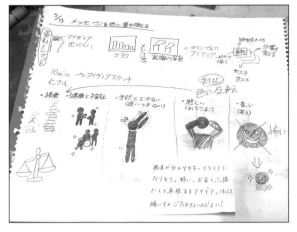

他者の意見（付箋）が記された図案のアイデア

　　T：買い物のときに使うエコバッグで見る
　　　　人に伝えるようにするためには，どん
　　　　なデザインがよいでしょう？
　　S１：細かすぎたらわからないです。
　　S２：目立たないと意味ないな～。

S3：小さいと目に入らない。

T：そうだね，表現するときに「線」と「面」の考え方があるけど，どちらが認識しやすいかな？

S4：圧倒的に「面」！

T：どうして？

S4：色の面積が増えるから，目立つと思う。（全員うなずく）

T：他の人から教えてもらった意見も含めて，再度デザインを検討してみてください。

5月25日(水)下絵を作る

今日は、2つあったデザイン案のうち一つを選んで下絵を描き始めました。印象が固くなってしまう気がしたので、線と線が交わるところは曲線を使って描きました。今の課題は、大人も子どもも残りの4本の指をどうやって描くか、というのと、矢印をなくすか否か、ハートの大きさなどです。色もまだ決まっていなくて、2〜3色程度にしようと思います。遠くからでもぱっと見て「ほお〜なるほど」となるようにすることを大切にするのと、怒りのテーマを見失わないように気をつけたいです。

他者の意見により改善した図案を示した振り返り

Point

下絵を通して他者にどのようなメッセージが伝わるのか，説明がない状態で確認した後，改善に向けたアドバイスを伝え合う活動を取り入れました。

④協力しながらシルクスクリーンを印刷する【第5・6時】

印刷の場面では，必要なインクの量やきれいに刷るためのスキージの角度などを全体で共有した後，数名で協力して取り組みました。互いに大切なポイントを確認するように声をかけ，互いの作品が美しい仕上がりになるように準備して活動しました。

Point

印刷の工程や刷りの確認をしながら活動できるように，大切な視点について共有した上で進めていきました。

スキージの角度に注意しながら協力して刷っている様子

8　花を贈る

題材の紹介　花を贈る相手を想像し，どのような花がよいか，その花にはどんな花瓶が最適かを考える授業にしました。相手を思い，花の色や形から想像した花瓶をデザインします。
花瓶の形状から機能とプロダクトデザインの関わりについて考え，美しさや全体のイメージなどを総合的に考えられるように授業を構築しました。

材　料　水性樹脂（JESMONITE），クリアファイル，紙（お試し用）

道　具　カッター，はさみ，テープ，ヤスリ

1　ねらい

　贈る相手や選んだ花の形や色のイメージなどから主題を生み出し，形などが感情にもたらす効果や，機能に合わせた形と美しさなどとの調和，統一感などを総合的に考え，表現の構想を練りながら表す。

2　「学び合い」に向けての授業づくりのポイント

　花を選んだ後，花瓶の形を考える際に，形状によって受け取る印象の違いを確認する場面で意見を述べ合う活動を取り入れました。

3　題材指導計画

第1時①	第2時②	第3時③	第4・5時④	第6時
花を贈る相手を想像して，花を選定し，スケッチする。様々な花瓶の形を鑑賞し，花瓶の条件などを見出す。	選んだ花に合う花瓶の形や色を構想し，アイデアスケッチをする。	花瓶の形の展開図をクリアファイルに転写し，切り取る。クリアファイルを組み立て，テープでとめて水漏れしないか確認する。	形成した型に水性樹脂（JESMONITE）を入れる（2回）。硬化を確認し，型をはがす。	完成した花瓶に花を入れて撮影したり，他者の作品の意図を聞いたりしながら鑑賞する。

4　授業展開モデル

①贈る花を選び，形を捉えるためにスケッチする【第1時】

　贈る花を選びます。誰に花を贈りたいか，その人にはどんな花が似合うか，色や形，花言葉などから考えていきました。

　仲間には誰に贈るかを伝えることなく学習を進めていきました。まず花のフォルムを捉えるため，スケッチをしました。

選んだ花の形を捉えるためのスケッチ

　Ｔ：誰にどんな花を贈りたい？
　Ｓ１：どうしようかな～。
　Ｓ２：花言葉から選んでもいいですか？
　Ｓ３：好きそうな花を選んでみようかな。

> **Point**
> 花を贈る相手を想像しながら，様々な種類の花を共有する中で，花言葉や相手のイメージから，もっともふさわしい花を選択できるようにしました。

②選んだ花に合う花瓶の形や色を構想しアイデアスケッチをする【第2時】

　花の大きさや形状を踏まえた上で，花を美しく見せることのできる形や色をいくつも考え，できるだけたくさんアイデアスケッチをするようにしました。その上で，他者からの視点で意見をもらう場面を設定しました。

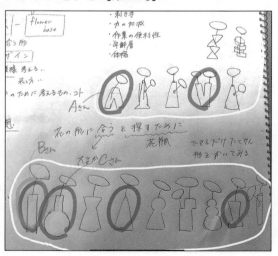

形を検討する

　Ｓ１：たくさんアイデアはあるんだけど，どれが一番いいかなあ？
　Ｓ２：花の頭が大きいから，安定感を出すために台形の方がバランスがいい。
　Ｓ３：花が四角いから，丸い形がいいかもね。
　Ｓ４：花が縦長だから，花瓶も縦長な方がい

いと思うよ。花瓶も四角だと花の形と似通ってしまうから，三角がいいかな？

Point
形のアイデアスケッチを複数描いた後，花のボリュームや形を踏まえた上で合う花瓶の形
について意見を出してもらい，集約した上で形を決定する活動を取り入れました。

③花瓶の形の展開図をクリアファイルに転写し，切り取り，組み立てる【第3時】

　形を形成するために，展開図を描いていく際，考えた展開図でつくることが可能かどうか，
他者に確認する時間を設けました。

　そして，転写したクリアファイルを
切り取り，組み立てた後，接合部をテー
プで貼り合わせていきました（図
1）。水が漏れないようにする必要が
あるため，形成した型を他者に確認し
てもらうよう促しました。

　また，新しい素材を扱うことから，
色や質感を変化させるものを検討する
ために素材実験を行い，仲間と共有し
ました。（図2）

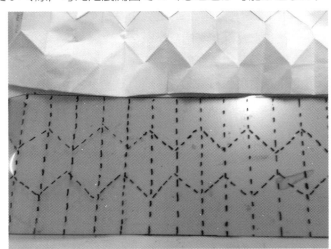

上：模型を展開したもの　下：転写したクリアファイル

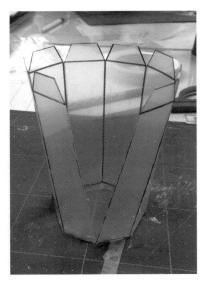

図1　組み立てている途中の型

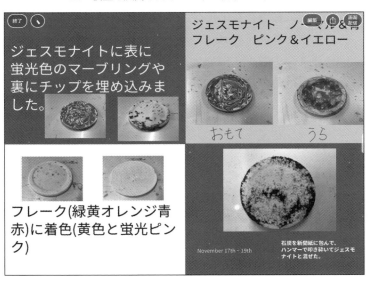

図2　素材実験の結果をまとめたカード

④型に水性樹脂（JESMONITE）を入れる【第4・5時】

水性樹脂は，正確な分量と混ぜる手順が決まっているので，班での活動を中心にして，班員で工程を確認しながら取り組めるようにしました。

型に水性樹脂を入れる際，厚みを均一にするために，光に透かして厚みを確認します。

また，型によって分量が異なりますので，他者の形と比較しながら自分の分量を計算することにしました。

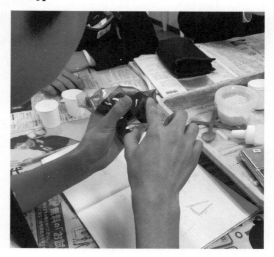

型に入れている様子

水性樹脂を計量する

水性樹脂を型に入れる

型をはがした花瓶

9　地域のお菓子屋さんとともに

題材の紹介　地域のお菓子屋さんに並ぶ，地域ならではのネーミングのお菓子をトータルデザインして，より魅力的になるよう構想し表現していく授業です。お菓子を入れるパッケージ，そして単品で販売するためのラベルシールの制作に取り組みました。完成したものは，お菓子屋さんに協力していただき，実際に販売しました。この授業が美術と社会のつながりについて考えるきっかけになるよう構成しました。

材　料　ボール紙，紐，絵の具

道　具　タブレット，両面テープ，のり，ボンド，ペン

1　ねらい

　お菓子を魅力的に見せる表現について，お菓子の形状や色合いを踏まえた上で構想を練り，試行錯誤しながら表現する。

2　「学び合い」に向けての授業づくりのポイント

　トータルデザインをする上で，生徒同士でペアを組み，形の構想や配色，表現を相談しながら活動できるようにしました。

3　題材指導計画

第1時①	第2時②	第3〜5時③	第6・7時④
学習課題を把握し，魅力のあるパッケージとラベルシールを目指す。ターゲットを把握するためにお菓子を試食する。	お菓子のネーミングや味わいが生きるパッケージとラベルシールになるように，ペアで相談しながらアイデアスケッチをする。	パッケージを試作して形状を決め，細かな色や形を検討して表現していく。	パッケージと関連づけたラベルシールを構想し，表現する。

4 授業展開モデル

①学習内容を把握し，試食しながら目的や条件に合う表現を構想する【第1時】

　地域のお菓子屋さんを想起し，工夫されたお菓子のデザインがあることを知ります。その上で，お店の方からの依頼でお菓子のパッケージとラベルを魅力あるデザインにしていくことを伝え，アイデアを出していきました。お菓子の試食も行い，味わいや食感からも発想できるように授業を進めました。

ペアで担当するお菓子を選んでいる様子

> **Point**
> 見た目だけでなく食感や味わいについてもペアで意見を共有することで，客観的な視点に立てるように促しました。

②お菓子の味やネーミングを生かしたパッケージとラベルシールになるようアイデアスケッチをする【第2時】

　様々な視点から考えたお菓子のイメージから，中心となるモチーフや色彩，形などを考え，アイデアスケッチをしました。味わいやネーミングを生かしたデザインとは何か，ペアで話し合いながら進めました。

　Ｔ：ペアでイメージしやすい表現から考えてみましょう。
　Ｓ１：ネーミングも生かしたいよね。
　Ｓ２：4個入りだったり，色別で味も違っていたりする。見た目もいいよね。
　Ｓ１：村だから……家の形もいいかも。

紙を丸めたりスケッチしたりしながら
形を構想する

> **Point**
> 構想場面では，スケッチだけでなく，お試し用の紙を用いて具体的な形を示しながら検討していく場面を設けることで，双方のイメージを明確にしていけるようにしました。

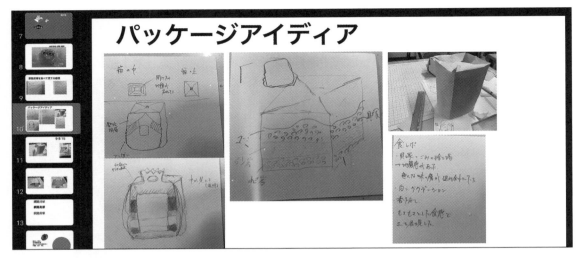

ペアで共有するスライドにアイデアを蓄積する

③パッケージを試作して形状を確認し，色や形を表現していく【第3～5時】

　構想したアイデアを，ボール紙などを切り出して形成していきました。展開図とのりしろなどを考えた上で，実際のお菓子が入る大きさで表現しました。パッケージは，形状と配色，お菓子のネーミングのロゴなどが関連したデザインを目指しました。表現の時間の短縮のために，着色は色紙を貼るなど，ペアによって表現方法を選択できるようにしました。

お菓子から想像した形を制作している様子

Ｔ：側面のところがよく考えられているね。

Ｓ１：この表面は，雪の結晶にしたんです。

Ｓ２：箱の表面を白くして側面は水色に。お菓子も同じような色だったので。

Ｔ：これ見てあげて。

Ｓ３：お菓子の名前はどこに入れるの？

Ｓ４：雪の結晶に重なっていてもいいよね。

Point
座席の前後で制作途中の段階で表現を共有する時間をとりました。表現に迷っているときや他者の意見を聞きたいときに，すぐ意見を求められる関係性はとても大切です。

④配色やパッケージのデザインとリンクする図案を検討してラベルシールを表現する

【第6・7時】

　パッケージの表現とラベルシールのデザインは，同時進行で取り組んでいきましたので，ペアによっては先にラベルシールの表現を行っている場合もあります。ラベルシールは，タブレットを使って表現しました。何度でも描き直すことができますし，そのまま生徒がシール台紙に印刷することも可能です。

　完成した作品は，ラベルシールをお店の人に貼っていただき，パッケージとともに販売されました。店頭に並び，実際に購入してもらうことによって，デザインしたものが地域の人々の手に渡ることの面白さについて，実感的な理解ができるように授業のまとめを行いました。

タブレットでラベルシールのデザインを描く　　　店舗で販売されている様子

Point
ラベルシールは，商品のサイズや貼る位置など検討するポイントがいくつもあります。そのため，共通の条件をペアで相談した上で，それぞれアイデアを出していくようにしました。

10　くしろマスタープラン

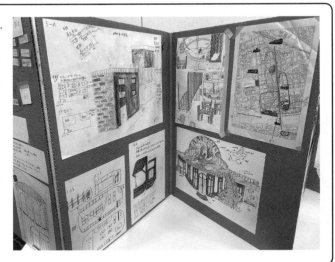

題材の紹介　街の理想と現実を考え，地域の課題に対してどのような改善が望まれるかを踏まえ，アーバンデザインの構想を練り，住民に寄り添う住みよい街にするための起点になる建造物を考え，デザインボードに表していきました。

材　料　段ボールボード，ケント紙

道　具　色鉛筆，ペン，折り紙　など

1　ねらい

街の理想と現実を住民の目線で考え，社会や自然と関わるデザインの役割や建造物のデザインについて考える。また，形や色彩，素材が人々にどのような印象を与えるかを踏まえて表現していく。

2　「学び合い」に向けての授業づくりのポイント

班で設定したテーマを実現させる区画を設定し，その中にどのような役割をもった建造物等があると街が活性化していくかを考える過程を設定しました。

3　題材指導計画

第1・2時①

釧路市の示す理念と現状についての考えを共有し，改善に向けた調査を行う。互いの考える理想の姿から，班としてのテーマと個別のテーマを生成する。
北大通に班でそれぞれ考えたターゲット地区を設定し，周囲の環境を踏まえた改善策を考える。

第3・4時②

改善策を盛り込んだ構想を基に生み出したテーマと，班のテーマを実現させるための建造物をデザインしていく。

第5・6時③

デザインボードに班で考えた構想をまとめていく。
学級内コンペを開催し，班のプランを相互に鑑賞する。

4　授業展開モデル

①理想の街を考え，班としてのテーマを立案し，個人のテーマを設定する【第1・2時】

導入では，街並みの変遷がわかる資料を用い，現在と比較しながら街の現状を捉えました。市が提供する街の理念や生徒が願う理想を含め，未来の街に想いを馳せ，ターゲット区画のアーバンデザインのテーマと個人のテーマを設定しました。

T：北大通の街の変遷を写真で振り返ってみよう。

S1：え！　にぎやか〜全然今と違う！

S2：昔は栄えていたんだ〜。今は通りすぎるだけになっているよね。

T：どんな場所だったら，寄ってみたいと思う？　理想の釧路は？

S1：リピートする人を増やした方がいいよね。

S2：どうしたら増える？　行きやすかったらいい。今は通りすぎるだけだもの。

S3：観光客よりは，自分たちみたいに住んでいる人をターゲットにしないと。

導入で使用した共有ボード

理想や現実，テーマを考えコンペ用のボードに蓄積する

Point

資料を共有し，発言だけでなく全員の意見が見えるようにして，自分が思いつかなかった現状や理想についても共有していける場面をつくりました。

②改善を目指すテーマを基に，中心となる建造物をデザインする【第3・4時】

　それぞれの班で設定したテーマと，それを受けて個人で考えたテーマを基に，建造物の外観や内観を考え，ケント紙にデザインしました。班のテーマの実現のために，ターゲット地区全体のデザインを話し合ったり，個人で考える建造物のデザインに共通させる要素（素材や色が中心）を検討したりして，表現しました。

班と個人のテーマを実現する建造物を
表している様子

　　T：ターゲット地区についての班のテーマがあ
　　　　るので，少しでもイメージをつなげていき
　　　　たいね。
　　S1：同じデザインにするのは違うよね。
　　S2：なんかテーマにまつわるキャラとか決める？
　　S3：それいいね。あと，うちのテーマ「自然」が入っているから，木の要素入れるとか。
　　S4：それいける！

Point
班で話し合って個人の表現を考えていけるよう，一定の区画を決めさせた上で，構想を練ることができるように設定しました。

③班の案をまとめたデザインボードを作成し，相互鑑賞を行う【第5・6時】

　それぞれが考えた建造物のデザインを用いて，学級内コンペ用の資料をまとめました。資料は段ボールボードを4～5枚蛇腹状に貼りつけて展示できるようにしました。そのボードには，導入の段階から班の中で話し合われたことや調べた資料なども掲示し，その上で，考えたデザインを配置していきました。あらかじめ，授業終了後に改善する場所として設定した北大通に実際にある図書館に展示すると決めていたので，他者に伝わるボードの表現についても考えていきました。

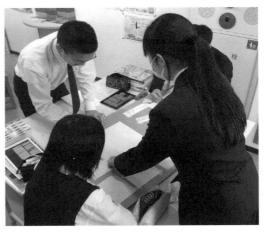

班でデザインボードにまとめている様子

S1：もう少し文字大きくしないとわかりにくいか……。

S2：どんな順番で見せる？

S3：この地図を置いて，全体を示してから，どこの場所のデザインかを表そうか。

S4：S2さんの内容はカフェでしょ。その後はS1さんの雑貨屋さんに寄る想定だから，順番は……。

S3：遠目からでもはっきりわかるように，それぞれの建物のテーマを書いておこうか。

班内で交流したり他の班とやりとりしたりしながら活動している様子

Point

「ボードを見る人に伝わるように」を目標に進めていきました。その際に使用する画材についてや，それぞれが考え表したプランがターゲット区画内にどのように配置されているかが伝わるように，話し合いが行われました。

1/21 「くしろマスタープラン」の取り組みを振り返って
・どんな風にしたいか，誰に向けてなのか，それをつくったとして意味はあるのか，様々なことを考えて，この単元にのぞみました。釧路が目指すものはこわさず，その中で自分らしさのある作品にすることはとても難しかったです。それでも，班の人たちと協力し今考えられる中で一番のものができたと思います。この単元は，「人」「地域」「目的」の3つを大切に考えることのできるものだったと思います。

生徒の振り返り

11　15sec.

題材の紹介　学校見学会のときに小学6年生に見せる映像表現に取り組みました。学習課題は，文字をモチーフにして，小学生が「驚く」表現としました。他の教科で学んだことを生かしつつ，形や色彩の工夫をしながら表現していきました。

材　料　映像表現に使用する素材（個別に準備）

道　具　タブレット

1　ねらい

学校を印象づけるCMを，タイポグラフィを用いて，最初と最後で印象が変化する映像表現の主題を生み出しながら表す。また映像技法の要素や形や色の変化に着目し，表現手段を選択していく。

2　「学び合い」に向けての授業づくりのポイント

他者の主題を理解する時間をとり，主題の追求場面において撮影の協力やアドバイスをしながら活動を展開できるようにしました。

3　題材指導計画

第1時①	第2時②	第3〜5時③	第6時④
映像作品を鑑賞し映像表現の特徴をつかむ。学校CMに合う，表現してみたい映像の変化についてのアイデアを考える。	15秒の映像の始まりと終わりをつなぐ展開部の見せ方について発想し，構想を練る。仲間の表現について理解する。	表現の変化を工夫しながら撮影を行う。仲間の表現の実現に向けてサポートしながら活動していく。	完成した作品を互いに鑑賞する。

4 授業展開モデル

①映像作品の鑑賞後に，学校ＣＭとなる映像の変化についてのアイデアを出す【第１時】

　短編映像作品を鑑賞し，映像作品の面白さを捉えた上で，条件として「驚きを与える」「文字（学校名）」を提示しました。生徒は，どうしたら小学生が「あっ！」と驚くかを考え，主題を生み出していきました。

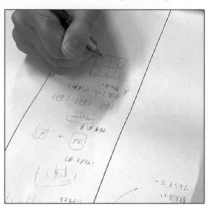
簡単に時系列で構想をまとめる

　　Ｔ：考えた映像の流れで気をつけたいことにはどんなこ
　　　　とがありますか？
　　Ｓ１：今回は，文字を文字としてじゃなくて，形として
　　　　　捉えないといけない。
　　Ｓ２：崩していく流れにしようと思っているけど，映像
　　　　　でものを撮るときの画面に映る大きさや配置が難しい。
　　Ｓ３：アイデアは浮かんだのですが，どう表せばいいか悩んでいます。

> **Point**
> 「驚き」を与えることや映像の流れについて考えていくためには，頭の中で「想定」する必要があります。他者にその想定が正しいか相談しながら活動していける場面を設定しました。

②15秒の映像の変化についてのアイデアを仲間と共有し構想を練る【第２時】

　どのような表現手法にするか明確になってきた段階で，様々なメディアを投稿できるオンライン共有ボードを用いて，アイデアをつぶやいたり，返信したりしていきました。

> **Point**
> 構想は共有ボードに書き込み，似たようなアイデアの生徒と協働で取り組むこともできるように促しました。

意見を共有するために使用したボード

③仲間と協力しながら撮影を進めていく【第3〜5時】

　生徒は，事前に表現に必要な材料を準備し，撮影する場所を確保した上で活動を進めました。生徒によっては1人では撮影ができない場合もあったため，撮影協力を随時行いながら進めました。

　撮影場所は多岐にわたったため，オンライン共有ボードに現在の状況や，質問，お手伝い生徒の募集などを随時書き込めるようにしておきました。そうすることで，教師が撮影場所の巡回をしていても即時的に対応できるようにしました。また，教師でなくても対応できることについては，生徒同士の関係の中で解決することも多くありました。

協力しながら表現活動をしている様子

撮影当日のやりとりや振り返りを記した共有ボード

Point
　それぞれが自分の構想を基に表現しました。事前にそれぞれの表現の内容について共有することが大切です。撮影に入ってしまうと，客観的な見え方がわからなくなってしまうことがあるため，常に確認できる方法を確認しておく必要があります。

④完成した作品を投稿して相互鑑賞する【第6時】

　撮影した動画素材は，簡単な編集（カットやつなぎ）のみとし，15秒の動画にまとめていきました。それぞれが工夫を凝らした表現を鑑賞しました。動画の中間部の工夫した変化の表現に着目して，どんな驚きを与えられそうかについて考えていきました。

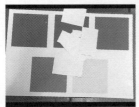

映像作品（左から右へ）

最初から文字が見えていても，そこから何が起こるかわからなかったり，予想と違ったりするものがすごく多くて面白いと思いました。また，最初は違うものを見せて，後からどうやって文字が見えるのかが見てて気になるものもあったからすごいと思いました。
みんな違うものを使って色々な考えがあって面白いと思ったし，自分だったら思いつかないような事がすごく多くあったから，何か自分に取り入れられるような事があったら，自分の考え方に取り入れて，もっと色々なことを考えられるようにしたいです。

みんなの完成したものを見て，普通にすごい！と思いました。映像だけでもびっくりするのに音をつけることによってより一層あっと驚くものになるんだなと思いました。また，ただ音をつけるだけではなく，映像に合った音をつけることによってさらに驚かすことができることがわかりました。みんなの完成したものがみれてよかったです。

純粋にみんなの発想力がすごいなぁと思いました。特にカメレオンが虫を捕食して色を取り込むといった表現や，コマ撮りで圧倒的ボリュームのストーリーを生み出しているということに感激しました。

イラストと映像を交互に映している人や，音楽を途中で切り替えている人など，自分にはなかった発想の作品が沢山あって面白かったです。ほんの少しの工夫で，作品の印象が大きく変わると思いました。

他者の作品を鑑賞して考えたこと

Point
自分1人ではできない表現に挑戦する生徒も多くいました。そうしたときに，即時的に協力するメンバーを募り取り組みを行いました。この相互鑑賞の場面では，個々の表現という視点で鑑賞しましたが，自分が関わった作品もあるという視点で鑑賞する生徒も多くいました。

他者の表現に関わるという経験をする

12　WELCOME TO WONDERLAND

題材の紹介　遊具に対する小さい子どもの興味・関心や環境について調査しながら，様々な人が楽しめる遊具の構想を練り，表現しました。

鑑賞から十分に発想や構想する視点をもたせ，遊具の市民生活における役割についても考えが深まるように授業を構成しました。

作品は，立体で表現しました。

材　料　遊具の形を表す材料（個別に準備）

道　具　素材によって異なる切断できる道具，接着材　など

1　ねらい

対象とする年代の興味・関心，使いやすさや機能や美しさが調和した遊具を表現し，社会生活の公園の役割と遊具の発展，人々の暮らしに与える影響についての考えをもてるようにする。

2　「学び合い」に向けての授業づくりのポイント

公園はいくつかの遊具で構成されていることから，1班4人で遊具のコンセプトを相談し，個々でユーザーのニーズとユーモラスな要素を含んだ遊具を考える授業構成にしました。

3　題材指導計画

第1時①	第2時②	第3時③	第4～6時	第7時④
公園の増加，子どもと遊び，公園と遊具について，資料を収集し調査して，考えを共有する。	「楽しめる遊具」について，これまでの遊具の事例を調査する。子どもが集う公園にするための遊具を発想し構想を練る。	各自の遊具のアイデアについて，班のコンセプトに合う外的要素の視点での統一感を検討し，アイデアスケッチをする。	班のコンセプトと各自が考えた遊具の機能の融合を考えながら，ミニチュアで遊具を表現する。	コンセプトと価値について班でまとめたものを交流し，公園の役割から今後の社会について自分の考えをまとめる。

4　授業展開モデル

①子どもの好きな遊びや遊具とニーズについて調査し，情報を共有する【第1時】

　「日本からすべり台がなくなる!?」という話題から，「公園の増加」「子どもと公園での遊びの意味」「子どもが好む遊び」「遊具の役割」についてデータを集め，仲間と共有しながら授業を展開していきました。

　T：子どもの頃はどんな遊びが好きでしたか？

　S1：ちょっと危ないのが好きだった。

　S2：よく友達と競ってたな。

　S3：カラフルだととびつきやすい。

　T：小さい子の好みやいろいろな遊具のことを調べてみようか。調べたらカードに書いて貼ってみてください。

　S1：先生，海外の遊具に見たことがないのがあります！

教室の壁に調査結果を貼り共有する

導入で鑑賞して考えた公園の役割（生徒のワークシートから）

Point

　遊具についての思い出や考えやすい課題を提示した上で，それぞれの考えを共有し，遊具や公園の役割について学びました。また，子どもの好みや流行について調査活動を実施し，他者が調査したことを共有できるようにしました。

②子どもが集う公園にするための「遊具」を考え，班でコンセプトを検討する【第2時】

これまでの遊具にあった楽しめる要素や自分の経験，子どもの好みから遊具の形を考えました。今の遊具にたりない要素を取り入れていくことも大切であると考える生徒もいました。また，遊具をきっかけに遊びを考えられるような遊具を考える生徒もいました。その上で，1つの公園に複数設置する異なる遊具に統一感をもたせるために班のコンセプトを検討しました。

情報を共有しながら計画を立てる

　S1：どんな遊びにしたの？　私は，シーソーっぽくて，四角いステージがグラグラする遊具を考えたよ。

　S2：ロープをつたって，向こう側にいけるやつ。

　S3：どんなコンセプトの公園にする？　スリル感？

Point
子どもの特性を確認した上で，必要な遊びの要素を組み込んだ遊具案を考えていきました。班で1つの公園を担当することにし，遊びの内容が異なるように話し合っていきました。

③1つの公園に配置する遊具にするため，コンセプトに合う要素を取り入れる【第3時】

子どものニーズに合う遊びを取り入れた遊具のアイデアスケッチをした後に，公園内の遊具に統一感をもたせるために設定していたコンセプトをどう表すかを検討しました。班では，遊具の一部のデザインを統一するなどの考えが出されました。その上で，改めて遊具の形や色の検討を行いました。

コンセプトに合う要素を検討する

T：各班のコンセプトを印象づける統一感はどん
　　なもので表せるかな？
S1：子どもはカラフルな色が好きだから，いろ
　　んな原色で表すとか？
S2：必ずこの色は入れる！　とかいいかもね。
S3：質感を揃えてもいいかも。ウッディな感じ
　　とか。
S4：動物で揃えるとか？
S3：それもいいね〜。

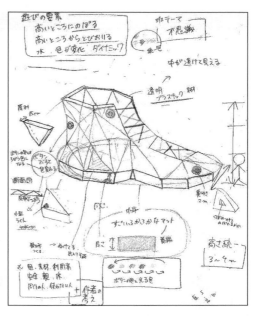

コンセプトを共有した後のアイデアスケッチ

Point
公園内のトータルコーディネートができるよう
に，互いの遊具の配色や素材，コンセプト面で
共通して取り入れることについて相談できるよ
うにしました。

④子どもたちに提示する遊具のプレゼン資料を用いて各班のアイデアを交流する【第7時】

　各班で完成させた作品を小学校に展示して講評を
もらうために，遊具のプレゼン資料を作成しました。
遊具のコンセプトを小学生に伝えるための工夫を施
し，写真などを使って表しました。それを用い，各
班の公園のプランを交流しました。

作成したプレゼン資料

Point
立体での遊具の表現の後，完成した作品を紹介
するイメージボードを作成する工程を設定しま
した。小学校低学年に伝わるような配色や見せ
方について話し合いが行われるようにしました。

13　Remake-Restyle

題材の紹介　使われなくなったものを加工して新しい価値を
もったものに生まれ変わらせる表現活動を通して，発想や構
想する力や，意図に合った表現を追求する力の育成をねらい
としました。
本題材では，新しいものを生み出すことを「Restyle」とし，
そのための手法を「Remake」と呼ぶことにしました。

材　料　廃品，表現に使いたいもの（個々で準備），共通教
材（粘土，針金　など）

道　具　異なる素材を切断できる道具，異なる素材に対応す
る接着材　など

1　ねらい

　主体的に鑑賞作品から発想の仕方を学び，素材の特性を生かして表現の構想を練り，自分の
表現意図に合う工夫をするなどして創造的に表現し，独創的・総合的な見方や考え方を培う。

2　「学び合い」に向けての授業づくりのポイント

　古いものを再利用して新たなものを生み出す過程には，自分だけでは解決できない場面が多
くあります。そうした場面で常に対話し解決していけるようにしました。

3　題材指導計画

第1時①	第2時②	第3時③	第4〜7時④	第8時
鑑賞作品から作者の意図や表現を考える。また，ものに新たな価値を与えることについて考える。	Remakeするための素材の活用や道具の性質，表現の効果を学び，新たな価値づけをして，Restyleの構想を練る。	材料や用具，表現方法の特性から，制作の順序を総合的に考え，計画を立てる。	素材の特性や用具の使い方を工夫し，素材同士の組み合わせや接着について交流しながら表現していく。	もとの製品と新たに生み出した表現の価値について説明しながら，作品を相互に鑑賞する。

4　授業展開モデル

①鑑賞して，もとの製品がどのように加工され Remake されているか分析する【第1時】

　Restyle された製品を鑑賞し，もとの製品をどのように分解や加工して成り立っているか班で意見を交流しながら分析します。その中で，素材の分解や接合方法などについても予測しながら意見を交流します。

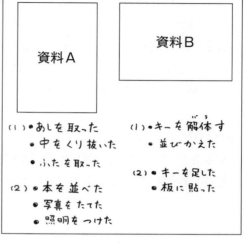

班で行った鑑賞の様子

　T：これらの製品は，どんな分解や組み立てにより新しいスタイルの製品になったか探ってみよう。
　S1：これ，本棚になってる！
　S2：中身の部品をとったんだね。
　S3：棚板を入れたんだ。こうしたら本棚になるもんね。
　S1：結構重いよね。でも面白い。

> **Point**
> Restyle された作品から，もとの素材や加工方法を想像し，他者と意見を共有し，どういった Remake によって表現されたものかを相談していく場面を設定しました。

②持参した製品の機能や思い出を振り返りながら Restyle の案を構想する【第2時】

　生徒は，持参した製品の思い出を語りつつ分解していきました。

　この段階では，Restyle 後の用途を決めている生徒とまだアイデアにたどりついていない生徒に分かれています。買ってもらった当時の思い出を語りながら分解していき，自分の暮らしにあったら使える製品を想像します。

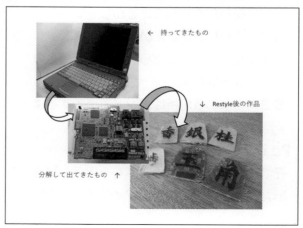

S1：分解したら，こんなの出てきた。

S2：とげとげしてて，痛い。硬いし，何で切るの？　のこぎり？

T：Restyle 後はどんなものにしたいの？

S1：これで将棋をしたいので，将棋の駒がいいなと思ったけど，このままでは指せない。

T：何かでコーティングするのもいいね。

S2：木工用ボンドにしたら？　透明になるし。

S1：なるほど。でもはがれてこないかな。

T：樹脂だと，透明感が出てきれいにコーティングできるかもね。

Point
製品を分解しながら，部品の素材や質感を考慮して，新たに生まれ変わらせる製品について班で相談していけるよう，Restyle 後の製品別に班を構成しました。

③既習事項や表現方法の効果を踏まえ，他者の構想に批判的な視点でアドバイスし，計画を立てる【第3時】

　構想した案を他者に伝え，Restyle するために各部品をどのように加工していくかを班で交流し，計画を立てていきました。

素材の特徴や表そうとしている製品について
意見を共有する

T：他の人の製品案を聞いて，実現可能であるかどうか判断し，適切なアドバイスをしましょう。

S1：ジーンズの布はボンドでもつくから，縫わなくてもできるんじゃない？

S2：でも持ち運びたいから縫うよ。

S1：布が重なってたら，ミシンで縫うのは大変だよ。

S2：そういう場所はボンドで接着するよ。

Point
それぞれがもっている知識を，相手の構想に合わせながら伝え合うことで，解決できなかったことについての別のアイデアの獲得につながります。

④素材の特性や用具の使い方を工夫し，素材同士の組み合わせや接着について交流しながら表現する【第4～7時】

　準備した素材に合わせて，切断や接合方法を考え，実際に表現していきます。うまくいかない場合は，第3時に相談した仲間に質問するなどして進めました。

生徒の表現活動の様子

　　T：このままでは，すぐにとれてしまうか
　　　　もしれないよ。
　　S1：ボンドで接着したいのですが，難し
　　　　いかなあ。
　　S2：接着できる面積が少ないから。
　　S1：でも，もうやる方法がないよ。
　　S3：補強できるように工夫したらどうだ
　　　　ろう。
　　S2：ちょっとくぼみをつけてみるとか？

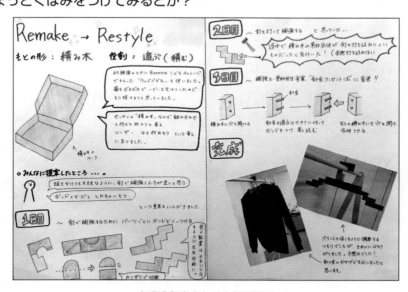

表現過程をまとめた振り返り

Point
　表現活動では，共有の道具は大きな作業机に置き，同じ道具を使う生徒同士で方法や気づきを話し合える場をつくり，自然な「学び合い」になるよう工夫します。

校外展示をきっかけに始まる「学び合い」

1　校外で作品を展示することで生まれるもの

生徒が学び合いをして表現したものを校外で展示することで，普段の学習では得られない学びを生み出すことができます。それは，作品を介して鑑賞者と生徒を結びつけることです。多くの一般の方が，作品を介して生徒が考え表現しようとしたことを想像し，共感しながら感想をフィードバックしてくれます。これは，教室の中だけでは得られない「学び合い」です。同世代での対話の中では出てこなかったことや感じられない感覚を，一般の方の言葉からいただくことは多いです。

展覧会開催後には，いつも展覧会にお越しいただいた方の感想を共有します。そこで生徒に新たな気づきが生まれます。図1は，そうした時間を経て，生徒が感じたことをまとめた振り返りです。

展覧会を訪れた生徒の様子

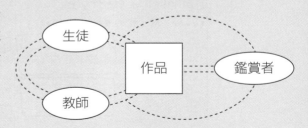

校外展での生徒と鑑賞者の関係

自分たちの伝えようとしたメッセージや想いが、来場者の方々に伝わったようで、とてもうれしかったし、よかったと思いました。でも、やっぱりそれぞれ受け取り方が異なっていて、来場者の方の声からさらに学んだり、受け取れるものがあって、1つの想いやメッセージは受け取り方によってどんな解釈もできてさらにその想いはどんどん伝わって広がっていくということを感じました。

図1　鑑賞者の感想を受けた後の振り返り

2　様々な形態の展覧会に挑戦して

①展覧会の内容で規模や会場を工夫する

　これまで，様々な規模や方法で校外での展覧会を開催しました。会場は，無料で借りられる場所であることを重視しました。そして，展覧会に出品する作品の内容から，見てほしい方が集まりそうな会場を選定しました。これまで実施してきた展覧会の内容は，次の2つの目的に分けることができます。

趣旨が異なる展覧会（左：全校生徒の取り組み　右：題材ごとの取り組み）

❶全校生徒の取り組み

❷題材ごとの取り組み

　こうした展覧会のときに必ず行っているのは，全生徒作品を展示することです。その根底には，生徒同士が学び合い検討を重ねた成果が作品という形に表れているので，生徒それぞれの考えに出会う展覧会にしたいという想いがあります。校内の展示をそのまま校外に持ち出したと言っても過言ではありません。

②生徒の声から校内公募展覧会を開催する

　❷に当てはまらない形態の，校内で公募して展覧会を開催することにも挑戦しました。

　これは，生徒と「写真を撮るのが好き」「このあいだ，こんな瞬間があって，撮ってみたんです」と話したことがきっかけとなりました。

　展覧会を開いてみたいと集まった写真好きな生徒の作品を集めて展示すると，学年が混在する写真好きのグループが生まれます。会場で互いの作品を見合うことで，また新たな発想のヒントを得ているようでした。

　作品が，人と人を結びつけていることを実感する機会となりました。

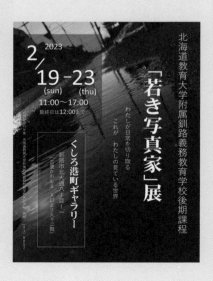

③会場が学び合いの場になる

　展覧会の会場は，いつも「学び合い」の空間になります。会場のあちこちで対話が始まり，そこで生まれた気づきを，生徒にフィードバックしていきます。会場に来る生徒が，学校とは異なる空間に置かれた他の生徒の作品を客観的に鑑賞している様子に出会います。学校では味わえない感覚で鑑賞することにも多くの学びが存在していると感じています。

来場した本校の生徒

来場した一般の方

卒業生も観覧

一般の方にファシリテートしている本校の生徒

④SNS上で展覧会をする

　コロナ禍で授業や部活動の展覧会ができなくなってしまったとき，生徒からバーチャルの展覧会をやりたいという声が上がりました。そのためのプラットフォームなどの整備に時間がかかることから，簡単に作品を掲載できるSNSの利用を始めました。コメント機能などは，その段階ではオフに設定して対応しました。そのSNSは，現在も運用しています。写真や動画での投稿になりますが，完成したものから掲載できるのでタイムラグなく発表することができます。これからの時代，展示の在り方の1つとして期待している媒体です。

3 章

鑑賞での
「学び合い」
題材＆授業プラン

1　何を表したかったのだろうか

題材の紹介　ノーマン・ロックウェルの作品「引っ越してきた子どもたち」をモチーフや表し方などに着目して鑑賞します。登場人物の様子がわかりやすい作品を選択することで，表情やしぐさなどを模倣しながら気持ちを探ることができます。人物の様子を起点に，作品が描かれた時代背景や作者の意図を感じ取りながら鑑賞しました。

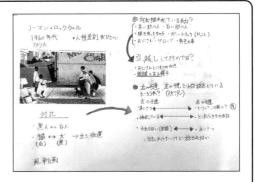

材　料　なし

道　具　なし

1　ねらい

作品全体のイメージと部分の表現の工夫，作者の意図を想像し，感情にもたらす効果などを理解して，自分なりの見方や考え方を深めようとしている。

2　「学び合い」に向けての授業づくりのポイント

作品を学級全体で鑑賞していく中で，登場人物の様子やしぐさを模倣するなどして，絵の中で起きていることについて自分なりの考えをもてるようにしました。その上で，ペアや学級全体で意見を共有し，鑑賞における学び合いが行われるように工夫しました。作品の基本的な情報（国や年代など）から考えられることを分析しながら，作品を通して作者が伝えようとしたことを学級で話し合っていきました。

3　題材指導計画

第1時①〜④

鑑賞作品と出会い，何が描かれているかについて情報を整理しながら，意見を共有する。	絵の中で起きていることから，この絵のストーリーを考えていく。	絵が描かれた背景と描かれている内容を照らし合わせながら考えていく。	作者の心情と描き方を結びつけて鑑賞し，自分の考えをまとめる。

4　授業展開モデル

①作品と出会い，何が描かれているかについて情報を整理しながら意見を共有する

　「絵の中に描かれている出来事を探ってみよう」
という教師の問いかけから授業を始めました。写
実的な表現をしている作品であることから，たく
さんの気づきがあります。ストーリーが存在して
いそうなことを見つけた生徒の発言を基に，学級
全体で意見を共有していきました。

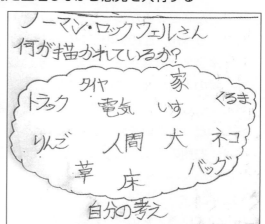

描かれていることを書き出したメモ

　Ｔ：何が描かれているかな？
　Ｓ１：犬と猫と。
　Ｓ２：おじさんとか，子どもとか。
　Ｓ３：けっこうきれいめの家とか。
　Ｓ４：カーペットとか，椅子とか，ランプもある。
　Ｔ：なるほど。たくさんのことが描かれていますね。この絵の中で起きていることってどん
　　　なことだと思いましたか？
　Ｓ５：犬と猫のケンカを抑えている。
　Ｔ：どうしてそう思ったの？
　Ｓ５：猫が威嚇しているように見えたから。
　Ｓ１：これから引っ越していくのかな。
　Ｓ６：いや，引っ越してきたんじゃない？
　Ｔ：おっと，みんなどっちに感じましたか？　引っ越してきた？　引っ越していく？
　Ｓ６：う〜ん，引っ越してきた！　家具とかきれいだし。

Point
最初は，誰もが気軽に話ができる雰囲気をつくるため，一見して答えたり考えたりできそ
うなことについて発問するようにし，できるだけたくさんの生徒が話せるようにしました。

②絵の中で起きていることから，この絵のストーリーを考えていく

　①の終盤で発問した「絵の中で起きていること」について，登場人物の様子から感じ取れる
ことを個人で考えた後，全体で共有しました。

Ｔ：右の子どもたちと左の子どもたちの関係はどう思いますか？

Ｓ１：野球しようよ！　って誘っているんだと思う。

Ｓ２：でも，ちょっと様子が変に感じる。

Ｔ：どんなところからそう感じるの？

Ｓ３：う〜ん，左の男の子が首をかしげているように見える。

Ｔ：本当？　みなさん，ちょっとまねしてみてください。どういう状況だと思いましたか？
　　隣の人に伝えてあげてください。

Ｓ４：たしかに，ちょっと首が傾いているね。

Ｓ５：どうして首を傾けているんだろう？

Ｓ４：右側の子たちに言われたことに，首をかしげているのかな。

Point
描かれている人物の様子を実感するために，生徒の発言を基に同じしぐさをさせたり，思っていることをペアで話して共有させたりしながら，学級全体で考えをふくらませました。

③絵が描かれた背景と描かれている内容を照らし合わせながら考えていく

　Ｔ：ロックウェルさんが表したかったことはどんなことでしょうか？　この作品は何年に描かれたものかな？

　Ｓ１：1967年です。

　Ｔ：どこの国？

　Ｓ２：アメリカだ。

　Ｔ：その時代のアメリカがどんな状況だったか知っていますか？

〜中略〜

　Ｓ３：対立関係なのかな。

　Ｓ４：犬や猫の色も対比されてる。

　Ｔ：本当？

　Ｓ５：本当だ！　そうだ！

　Ｓ１：そう見ていくと，猫の位置と犬の位置も関係しているように感じる。

　Ｔ：どういうこと？

　Ｓ６：どちらがえらいとされていたのか，わかる感じ。

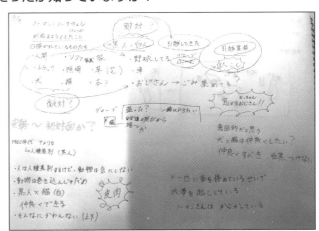

追記されていくノート

126

④作者の心情と描き方を結びつけて鑑賞し，自分の考えをまとめる

　作品を読み取っていく中で見えてくる様々な対比に隠された作者の心情を考えながら，この表現の意図について自分の考えをまとめていきます。様々な仕掛けが隠されている点にも注目させるなどして，その工夫の意図なども考えていけるようにします。

　Ｔ：どうもこの絵の中には，いろいろな対比が存在するようですね。
　Ｓ１：一見わからなかった。
　Ｓ２：ずっと気になっていたんだけど，遠くの家の窓に誰かいる。
　Ｓ３：うわー本当だ‼
　Ｔ：ロックウェルさんはどうしてこのような表現をしたのでしょうか？　そして，みんなに
　　　伝わるように工夫して描いたことはどんなことだと思いますか？

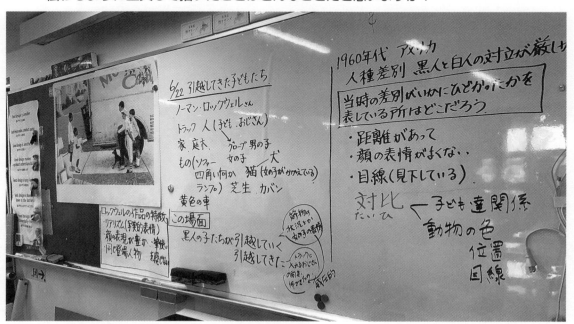

授業後の板書

2　魅了されるわけ

題材の紹介　一度は見たことのある作品，レオナルド・ダ・ヴィンチの「最後の晩餐」を取り上げ，多くの人々が魅了されている理由を探る授業としました。様々な画家が描いた「最後の晩餐」やレオナルド・ダ・ヴィンチの「最後の晩餐」が描かれた場所の資料とあわせて鑑賞しながら，他者の考えに触れ，自分の考えを深めました。

材　料　作品が印刷された資料，ワークシート

道　具　トレーシングペーパー

1　ねらい

　作品全体のイメージと部分の表現の工夫，作者の意図を想像しながら，感情にもたらす効果などを理解し，自分なりの見方や考え方を深めようとする。

2　「学び合い」に向けての授業づくりのポイント

　教室の壁面に資料を掲示し，生徒が見たい順番で鑑賞することができるようにしました。その場に集まった生徒が作品について話し合える場となるよう，事前に発問をしてそれについて考えられるように授業を展開しました。

3　題材指導計画

第1時①〜④			
鑑賞作品と出会い，知っていることを共有する。鑑賞者が最初に目がいく場所を探してみるなどして，作品との関わりを増やす。	キリストに目がいく理由を考える。	他の画家が描いた「最後の晩餐」を鑑賞し，レオナルド・ダ・ヴィンチとの違いを探してみる。	資料から，作品が描かれた背景や作者の意図について考える。

4 授業展開モデル

①作品と出会い，知っていることを共有し，多くの人が中心にいるキリストに注目する理由を考える

　印刷した資料を基に，作品の第一印象で多くの人がキリストに注目する理由を考えました。その分析のために，トレーシングペーパーを資料の上に重ねて，書き込みをしながら自分の考えをまとめていけるようにしました。

キリストに目がいく理由を探っている様子

> Ｔ：この作品について知っていることはありますか？
> Ｓ１：中心がキリスト！
> Ｓ２：周りは弟子たちなんだよね。
> Ｓ３：映画があって，その中ではいろいろ隠されたことがあるって言ってた。
> Ｔ：なるほど。みなさんは，ぱっとこの作品を見たときにどこに目がいきますか？
> Ｓ１：やっぱり中心かな〜。
> Ｓ４：机に目がいくけど，やっぱりキリストかな。
> Ｔ：どうして，中心にいるキリストに目がいくのでしょうか？
> Ｓ５：う〜ん，真ん中に描いてあるから。

Point
様々な見方や感じ方によって広がる作品に表現された物語を学級集団で共有することによって，最初は想像していなかった世界を感じられるように発問を工夫しました。

---

②なぜキリストに目がいくのか，分析しながら見る

　「なぜ，キリストに目がいくのだろうか？」という学習活動①の最後にたどりついた疑問について，ワークシートを用いて考えていきました。まずは個人の考えを記述し，その後，班員で意見を共有していきました。

> Ｓ１：キリストが着ている服の色が，他の弟子の服の色と違うからではないかな？
> Ｓ２：キリストと弟子の間に空間があいていて，スッキリ見えているからかな？
> Ｓ３：壁と天井の線が中心に向かっているからだと思った。

ＳＡ：背後にある窓が明るいからコントラストで目立つんだと思います。

③他の画家が描いた「最後の晩餐」と比較してみる

　他の画家が描いた「最後の晩餐」を鑑賞して，レオナルド・ダ・ヴィンチの表現との違いについて鑑賞しました。この場面では，美術室の壁面に大きく印刷した資料を貼り，自由に見ることができるようにしました。

　Ｔ：どんなところに違いを感じますか？
　Ｓ１：先生，ユダはどこにいるの？
　Ｔ：どこにいると思う？
　Ｓ２：これかな～。明らかに色が違う。
　Ｓ３：この表情はあやしい。
　Ｓ４：この絵の構図おかしくない？
　Ｓ３：弟子たちの並びも無理がある。なんだろう
　　　　この表現。

作者が異なる「最後の晩餐」を鑑賞する

　Ｔ：レオナルド・ダ・ヴィンチの作品とこの作品の構図の違いはどんなところかな？
　Ｓ５：レオナルド・ダ・ヴィンチの絵は見たものをそのまま表している感じがする。
　Ｓ１：そうか室内の遠近感が変なんだ。
　Ｓ６：レオナルド・ダ・ヴィンチが描いたものの方が淡くて，その場の人たちの感情を個人でいろいろと解釈できるような気がする。
　Ｓ４：筆の感触がぼやけているようにも思う。他の作品ははっきりしていたり形が曖昧だったりする。

④別の資料を見て，壁画とのつながりを考えながら新たな見方を獲得する

　「最後の晩餐」の表現について，より見方を深めていくために，「最後の晩餐」が展示されている修道院の壁面の写真も資料として使いました。生徒たちはここで初めてこの作品が壁画であり，どのような雰囲気の場所に描かれたのかを知ります。

資料を掲示した場所で，自分の考えを述べ合う様子

　Ｔ：この作品が描かれた場所を見て，何か気づくことはありますか？

　Ｓ１：もしかしてこの壁面の線，この室内の形につながるように描いたんじゃないかな。

　Ｓ２：えー本当だ。仕掛けが多くあってちょっと不気味。

　Ｓ３：そうしたらこの模様もつながっているのかもしれないね。

　Ｓ４：（説明の文章を読んで）当時食堂だって。だから晩餐の絵を描いたのかな。

　Ｓ１：テーブルの真ん中にある半円の形はどこにつながっていたんだろう？　きっとこの壁とリンクしてたと思う。

なぜ，この絵が描かれたのかについて意見を共有している様子

Point

　いくつもの資料は，どちらも何度でも見ることができるようにしました。気になったら見にいける環境をつくることで，同じことに疑問をもつ生徒の集まりが生まれます。

3　日本の美から見えてくる私たちの暮らし

題材の紹介　美術館から掛け軸を借用し，学校で本物の作品に触れる機会をつくりました。日本の伝統的な美術の形態として，掛け軸は日本の暮らしに密着しており，人々が楽しんできたものです。そうした作品が生まれた背景や日本の暮らしとの結びつきについて考えることで，美術作品が人々に与えてきた影響や文化について理解を深めていける授業にしました。

材　料　釧路市立美術館から借用した二幅の掛け軸，ワークシート

道　具　矢筈，クロッキー帳

1　ねらい

　掛け軸に表現された作者の意図や工夫について互いの考えや感じ方を共有しながら，暮らしの中で美術作品が担ってきた役割を考えていく。

2　「学び合い」に向けての授業づくりのポイント

　掛け軸の比較鑑賞から，日本の表現の仕方の特徴を見出せるよう教材を準備しました。授業は，生徒が感じ取ったことの共有や疑問について考えていくことを中心に進めていきました。ある生徒の疑問が様々な見方を導き出し，描かれた内容と日本文化を結びつけながら考えていく時間となりました。

3　題材指導計画

第1時①〜④

掛け軸について知っていることや作品に描かれている内容を共有する。	作品に表現された形や色彩から気づいたことを交流し，作品の理解を深めていく。	作者の他の作品や海外の風景画と比較しながら，疑問について検討していく。	背景の余白にはどんな景色が思い浮かぶか，スケッチして他者と交流する。

4　授業展開モデル

①掛け軸について知っていることや作品に描かれている内容を共有する

　まずは掛け軸について知っていることを共有しました。そして，美術館から借用した鑑賞作品を，矢筈を使ってかけていきました。作品の全容が徐々に見えてくるのは，掛け軸ならではです。

　しばらく鑑賞する時間を設け，感じたことや作品に対する疑問を書き出していきました。

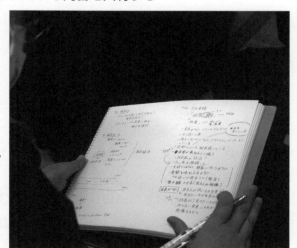

第一印象や疑問を書き出している様子

T：この二幅の作品から感じ取ったことや
　　疑問などがあれば教えてください。

S1：両方に鳥や植物が描かれています。

S2：右側の掛け軸には桃の花があるので，
　　春のイメージです。

S3：この青い鳥は，たしかルリビタキだったと思います。

T：この鳥がいる時期はどんな頃でしょうか？

S4：夏っぽい！

S1：植物の葉っぱが鮮やかですし，この鳥はたしか夏の鳥だったと思う。

S5：どうして一部しか描かれていないのだろう？

T：まだ疑問ありますか？

S2：縦長の画面に描かれたのはどうしてでしょうか？

S6：どういった役割があったのかな？

S3：いつぐらいの時代にあったものなんですか？

> **Point**
> 感じ取ったことや疑問に感じたことを全体の場で共有しながら鑑賞を進めていきました。そのときに，すでに知っている知識を用いて，表現されている特徴や掛け軸の特徴などについて考えるきっかけをつくれるようにしました。

②作品に表された形や色彩から気づいたことを交流し作品の理解を深めていく

　本授業では，同作家の異なる作品二幅を準備しました。生徒が感じた疑問を基に，鑑賞を進

めていくことにしました。最初は，描かれた内容について取り上げ，意見を共有していきました。

T：先ほど，描かれている内容について発言してくれた人がいましたが，みなさんはどう見ていましたか？

S1：季節を表したかったと思いました。

T：どうして？

S2：こちらは，梅か桃の花だと思うし，こちらはさっきも言ってる人がいたけど，夏を表していると思いました。

T：みなさんも，そう思いましたか？　タイトルをお伝えしますね。

S3：やっぱり～。

S4：どうして背景がないのかな。普通あるよね。

S5：わさわさしていたら，鳥が目立たないからじゃない？

Point

描かれた対象を観察し，二幅を比べることで感じ取ったことについて，ペアや全体交流の場で意見を共有し，新たな気づきを導けるようにしました。

③作者の他の作品や海外の風景画と比較しながら，疑問について検討する

②の場面で出された生徒の疑問「なぜ背景が描かれていないのか？」について検討し，3～4人で考えを共有しました。

T：では，先ほどの「なぜ背景が描かれていないのか？」について考えてみましょう。

S1：どうしてかな？

S2：やっぱり注目させるためじゃないですか？

T：どういうこと？

S2：ここを見てほしい！　他のところを描いてしまうと，どこが大切かわからないから。

T：みなさんはどう思いますか？　班で意見を共有してみましょう。

～中略～

T：どんな意見が出てきましたか？

画集の作者の他の作品を鑑賞してみる

S3：自分が大切だと思うことだけを描いたのだという意見が出ました。

T：作者の視点ですね。なるほど。

S4：何もないところがあることによって，美しく感じます。

S5：余白のところに，好きなようにイメージできるからじゃないかなという意見も出ました。

S6：背景を描いた作品もあるので，このときはいらないと判断したんだと思う。

Point

風景を題材とした作品と比較し，鑑賞作品の背景が描かれていない表現をクローズアップすることで，意図的な表現に着目し，その理由を考える学習活動を行いました。

④背景の余白にはどんな景色が思い浮かぶか，スケッチして他者と交流する

鑑賞作品の比較鑑賞から気づいたことを交流する中で，背景の有無について盛んに意見が出ました。追求していく中で，日本らしさや日本の表現の特徴にもつながる話が出ました。

S1：余白や四季の表現は人々のどんな暮らしを想像してのものだろうね。

S2：見る人が自分の好きなように見てほしいと思ったから。

T：みなさんならこの掛け軸をどんなときにかけますか？

S3：夏の景色だから，春の終わりにかけたいと思います。

S4：冬の寒い時期には異なる季節の掛け軸が合うと思うので冬です。

Point

どんなイメージで描いたのかを共有することで，余白は人それぞれ自由に思い描いてよいことを実感しながら学ぶことができるようにしました。

授業後の板書と教材

※本授業の鑑賞作品は釧路市立美術館よりお借りしました

【著者紹介】

更科　結希（さらしな　ゆき）

1976年，北海道弟子屈町生まれ。

北海道教育大学附属釧路義務教育学校後期課程主幹教諭。

北海道教育大学釧路校卒業後，釧路町立富原中学校，釧路町立遠矢中学校を経て，2012年より現職。2015年，北海道教育大学大学院教育学研究科教科教育専攻美術教育専修修了。

現在は，協働的な学びを実現する授業や美術と地域社会が結びつく授業展開，ICTを活用した授業の在り方について研究を進めている。

中学校美術サポートBOOKS

中学校美術の「学び合い」　題材＆授業プラン

2023年8月初版第1刷刊　©著　者　更　　科　　結　　希

発行者　藤　　原　　光　　政

発行所　明治図書出版株式会社

http://www.meijitosho.co.jp

（企画）茅野現・中野真実（校正）嵯峨裕子

〒114-0023　東京都北区滝野川7-46-1

振替00160-5-151318　電話03（5907）6702

ご注文窓口　電話03（5907）6668

＊検印省略　　　組版所　株式会社プリント大阪

Printed in Japan　　　ISBN978-4-18-232826-8

もれなくクーポンがもらえる！読者アンケートはこちらから　　→

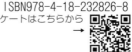